LA GINGOLAISE

Éditions Favre SA

29, rue de Bourg – CH-1003 Lausanne
Tél. : (+41) 021 312 17 17
lausanne@editionsfavre.com
www.editionsfavre.com

Groupe Libella

Photo de couverture : Coralie et Jérémie Voïta.
Couverture : Dédikace communication visuelle et édition.

Dépôt légal en mars 2024.

ISBN : 978-2-8289-2166-8

Les Éditions Favre bénéficient d'un soutien structurel
de l'Office fédéral de la culture pour les années 2021-2024.

LAURENCE VOÏTA

LA GINGOLAISE

Jeune femme soldat au destin singulier

FAVRE

PROLOGUE

Dans un grand cahier bleu turquoise, aux pages carrelées et sans marges, ma nouvelle histoire s'inscrivait au fil de ma plume, presque sans ratures et sans heurts. Mon roman se présentait bien. Je tenais le début et la fin, entre les deux, la fiction prenait corps et mes personnages avec elle. Mes héros semblaient très attachés à leur bien-être, un peu installés, peut-être, dans une sorte de confort qu'ils m'empêchaient de bousculer. Peu à peu j'ai senti qu'ils me résistaient. Je pouvais bien tenter de les laisser courir sur les lignes du grand cahier, voire, même, les convoquer, ils me donnaient l'impression de se dérober. Peut-être avaient-ils senti qu'ils allaient être bousculés par l'irruption d'un autre récit. Celui de Charles Guérin, une adolescente morte dans la bataille de Minorque, le 27 décembre 1781.

Dorénavant, Bruno, Sophie, Julie et leurs proches, protagonistes de mes trois précédents romans, prennent la clé des champs. Eux qui m'accompagnent chaque matin depuis bientôt quatre ans, eux que je tiens avec tendresse au creux de mes lignes, que je laisse me surprendre, sentent-ils chaque jour un peu plus que je vais leur être infidèle ? Comme des amoureux, peut-être s'éloignent-ils avant que je ne les quitte ?

Voilà que je m'apprête à leur tourner le dos. Juste le temps d'une autre histoire. Je les glisse au fond du tiroir, enfermés pour un temps dans le cahier qui les contient. Qui contient leur futur. Une prochaine aventure qui a déjà son titre : *La Belle affaire !* et vers laquelle je reviendrai sous peu. Je tapote doucement le dessus du dossier, comme pour m'excuser de cette trahison et je pars vers cette femme soldat qui m'appelle.

CHAPITRE 1

C'est au cours d'une recherche que j'ai croisé, par hasard et très brièvement, l'extraordinaire destin du petit Charles.

« Carlos Garain, catholique apostolique et romain, originaire de San Gengu dans la République de Wallay en Suisse, mort en combattant pour le roi Charles III d'Espagne, à l'âge de dix-sept ans. Hauteur quatre pieds, 11 pouces, 8 lignes, cheveux et sourcils bruns, imberbe, nez pointu, petits yeux marron clair, visage rond, rose et beau. Grièvement blessé par un boulet anglais au cours du siège de Fort Saint-Philippe de Mahon, il est amené à l'hôpital, où il meurt le lendemain. On découvrit alors seulement qu'il s'agissait d'une femme. »

Très vite, Charles s'invite dans mon temps d'écriture, y prend de plus en plus de place, s'installe à ma table de travail, se faufile dans un cahier neuf. Ne me laisse plus en paix.

Une femme soldat, pourtant, voilà bien un sujet très éloigné de moi. Il n'empêche, dès la lecture des premières lignes qui me parlent d'elle, saisie par une excitation grandissante et contradictoire, je pressens qu'elle va m'emporter vers des chemins hors du commun.

Si l'on en croit ses affirmations, Charles serait né en 1764, à Saint-Gingolph, une bourgade du VIIIe siècle, qui porte le nom d'un homme, Gangolf d'Avallon, militaire bourguignon vénéré comme martyr de la foi conjugale, guérisseur des moutons et du mal de dents, patron des maris trompés, des gantiers, des chasseurs.

Je file vers ce village frontière, qui me fait face depuis que je suis née. Pendant ce court trajet me reviennent quelques anecdotes de guerre que me rapportaient mes parents. Le Grammont qui a tremblé lorsqu'en été 1943, un bombardier anglais s'y est écrasé, faisant au passage exploser bon nombre de vitres dans ma ville. Cet incendie qui a ravagé la moitié haute de Saint-Gingolph, brûlée en signe de représailles le 23 juillet 1944. Et le bas du village, sauvé par un coup de bluff du colonel-brigadier suisse Julius Schwarz, resté célèbre pour avoir leurré les Allemands.

J'ai rendez-vous avec le conservateur du musée local. Il m'accueille avec une très grande amabilité, doublée d'une tendresse patente pour son musée qu'il me fait visiter. Il me parle des châtaignes, des grandes barques anciennes, des perles du lac faites d'écailles de poissons, qui attiraient les belles étrangères en vacances à Montreux à la fin du XIXe siècle. En parcourant le musée, tout autour de moi, je cherche déjà les liens qui noueront Saint-Gingolph à ma femme soldat. De salle en salle, je la questionne secrètement. Elle ne me répond pas, semble absente de ce lieu. Pour moi, je note alors qu'elle avait six ans lorsque commença la construction de l'église du village. Aujourd'hui encore, Suisses et Français s'y retrouvent à l'heure de la messe. « Elle est à vous de notre vivant, disent les Suisses, mais nous y passerons l'éternité. » Parce que c'est là aussi que se trouve le seul cimetière et qu'ils y seront enterrés. Pour la petite fille qu'elle était, la naissance de l'église est-elle un événement ? Se rend-elle souvent sur le chantier pour regarder monter les murs ?

Nous faisons donc le tour du joli Musée des Traditions et des Barques du Léman, puis le conservateur me montre cet article pour lequel je suis principalement venue. Un article de 1983, signé d'un historien connu de la région. Quatre pages dactylographiées, basées sur un récit en espagnol plus court encore, datant du début de l'an 1782. Deux documents qui vont constituer le socle de ma recherche.

Je repars avec une copie de ces pages qui seront mon trésor au long des mois à venir et que je découvre ce jour-là avec avidité.

À la fin de l'article, un post-scriptum détruit en une vingtaine de mots mes premières constructions mentales, mes premières projections sur ce Saint-Gingolph plein de surprises et de charme que j'échafaudais comme décor de l'enfance de Charles: Charles Garain serait en fait originaire du Chablais français; elle serait née en Haute-Savoie, précisément dans le hameau de Nicodex. Fille de Pierre Guérin et de Charlotte Willie, elle viendrait donc de la région du Biot et se serait inscrite comme habitante de Saint-Gingolph pour son enrôlement.

Charles aurait donc menti à la fois sur son sexe et sur son origine. Charles, illettrée, mystificatrice et hardie. Charles, porteuse de toutes les aventures et de tous les mystères. Charles que rien n'a arrêtée. Rien d'autre que la mort. À dix-sept ans, après quelques mois de batailles seulement.

Charles, elle… et déjà je suis empêtrée dans ce mélange des genres que je vais devoir gérer d'une façon ou d'une autre. Charles, elle qui serait donc savoyarde et non plus valaisanne?

De plus, en peu de jours, j'ai redécouvert un village que j'ai pourtant sous les yeux depuis l'enfance, que j'ai traversé à de nombreuses reprises et dont je m'aperçois que je ne savais rien. Un lieu romanesque doté d'une histoire singulière, avec ses grandes forêts de châtaigniers rachetées par les gens du village, ses personnalités, et sa Morge frontière, cette Mwrgw gauloise, indicible, illisible et bouffonne! Je ne sais pas encore comment va se poursuivre ma quête de cette jeune femme soldat, enfouie sous ces informations contradictoires. Mais je ne vais pas abandonner Saint-Gingolph, je vais trouver un moyen d'en parler.

J'apprends que Charles s'est engagé à Monthey. On le sait avec certitude, c'est inscrit dans les registres de la ville. Depuis la Haute-Savoie, peut-être est-il passé par Le Corbier, Bonnevaux, les chalets de Neuteu et le col de Florey, puis Novel et la Morge qu'il aurait alors suivie jusqu'au bord du lac? Un peu plus de dix heures de marche à travers ces montagnes que je connais bien, sensiblement les mêmes, de part et d'autre de la frontière. J'essaie d'imaginer son exclamation de joie lorsque, pour la première fois, elle a aperçu le lac avant de descendre vers ses rives.

Oui, s'immisçant dans ma quête, Saint-Gingolph m'a surprise et séduite. Je n'aime pas les ratures, surtout sur la page de couverture, pourtant, sur le cahier neuf qu'elle m'a suggéré, je biffe la «femme soldat», ce titre que j'avais d'abord adopté, et j'écris en plus grand *La Gingolaise*. Parce que ce nom, qui est celui des habitants du village qu'elle s'attribue, est comme une musique qui vibre de couleurs rondes et de notes exotiques, comme une Javanaise ou un fleuve africain. Un mélange de cymbales et de dégringolade. Que ma femme soldat soit née ici ou pas, dans mon roman, ce sera désormais son statut : Charles Guérin, la Gingolaise, venue de Haute-Savoie. Voilà que j'ai trouvé un titre qui me plaît pour cette histoire ! Je le prends comme un signe : je ne suis toujours pas certaine de parvenir à mener cette aventure à son terme, néanmoins je vais m'y risquer.

CHAPITRE 2

Pendant une année presque jour pour jour, du 26 décembre 1780 au 27 décembre 1781, Charles a mystifié tous ceux qui l'ont croisé. Contrairement à eux, je sais qu'elle n'est pas que Charles. Je ne vais pas continuer à faire comme si je l'ignorais. Je sais aussi que Charles est le prénom qu'elle s'est choisi. Lui en attribuer un second, c'est prendre le risque de la trahir. J'en ai besoin pourtant. Ce sera donc un prénom pour moi seule, pour me rapprocher d'elle, pour dialoguer aussi avec sa féminité.

Plusieurs me viennent à l'esprit rapidement. Rose ou Blanche, tout d'abord. Deux prénoms que j'ai déjà souvent choisis pour mes personnages. Deux prénoms faciles à relier à la dernière image que l'on aura d'elle, cette petite morte au visage rose, sertie de la magnifique robe dont on la parera pour l'exposer à tous. Blanche, pour cette virginité qu'on loue et qu'on célèbre. Rose ou Blanche, des prénoms qui siéraient à ce qu'ils ont fait d'elle. Mais pas à ce tempérament que, déjà, je lui sais.

Je vais la prénommer Marie Anne. De l'hébreu « mar-yam », princesse de la mer, ou peut-être de Myriam, un prénom hébraïque qui évoque l'enthousiasme et les femmes généreuses qui se mettent en quatre pour rendre service aux autres. Ainsi, dans le récit, elle sera Charles pour eux tous, et je l'appellerai Marie Anne quand je l'évoquerai, moi. Un prénom lumineux, pour tenter d'éclairer ses parts d'ombre.

D'après ces indications qui viennent de me parvenir dans l'article d'un historien valaisan, basé sur le texte source de 1782 et rédigé en 1982 à l'occasion du bicentenaire de la reprise de Minorque par l'Espagne, Charles serait donc née le 14 février 1755 au hameau de

Nicodex, dans la commune du Biot. Si cette information est exacte, elle aurait alors vingt-sept ans et non dix-sept au moment de sa mort ? Dans un nouveau courrier des archives de Sion, j'apprends aussi qu'ils étaient nombreux, ceux qui s'engageaient, à tricher sur leur âge et sur leur origine. Sur leur origine parce que les mercenaires suisses avaient bonne réputation et qu'on les payait mieux. Sur leur âge car les jeunes gens de moins de vingt ans, dont la taille était trop petite, pouvaient prétendre qu'ils grandiraient encore. Quant à moi, je ne suis pas convaincue par l'âge que cette nouvelle information semble lui attribuer. Ce visage lisse et cette fougue, cette énergie que tous lui reconnaissent me donnent envie de croire qu'elle sortait à peine de l'enfance. Il fallait mesurer 1 m 64 pour pouvoir s'engager. Charles dépassait à peine 1 m 61. Sa voix claire et ses joues douces permettaient de croire qu'elle ne mentait pas, et qu'elle allait grandir. Elle les en a donc persuadés.

Elle a menti sur tout, peut-être n'a-t-elle pas même donné son vrai nom ? Un nom, soit dit en passant, qui sur le document espagnol de 1782 s'orthographie Garain et qui deux siècles plus tard est changé en Guérin, sans autre forme de procès.

Comment s'y est-elle prise ? Comment a-t-elle franchi toutes les étapes qui permettaient le leurre ? Comment, dans cette proximité qui liait entre eux les soldats, a-t-elle fait pour ne jamais se trahir ? Et surtout, comment diable a-t-elle fait pour pisser debout ? Ou du moins, pour qu'ils ne remarquent pas qu'elle ne le faisait pas ?

Oui, je vais préférer croire ce qu'ont affirmé ceux qui l'ont rencontrée, ceux qui l'ont enrôlée, ceux qui l'ont vue grandir au cours de cette année, ceux qui l'ont enterrée.

Je ne crois pas non plus à son origine valaisanne, sans trop savoir pourquoi, je ne la vois pas de Saint-Gingolph. Mais je ne peux pas le vérifier car les archives du village ne commencent qu'en 1790. C'est alors et presque sans prévenir que la fiction s'invite et me porte secours. Je vois un garçon de son âge. Il a vécu, enfant, à Saint-Gingolph et en est resté amoureux. Je vais l'appeler Martin. Il m'aidera peut-être à apprivoiser cette Gingolaise qui se plaît à brouiller les pistes.

C'est à Monthey que Martin a vu Charles pour la première fois. Par hasard à vrai dire. Décembre touchait à sa fin, à la veille de ce réveillon de Noël 1780. Martin a presque le même âge que Charles, peut-être quelques mois de moins. C'est un garçon calme et doux. Grand déjà quant à lui, avec des muscles arrondis et larges sous la veste de fil. À son côté, Charles marche à grands pas. Autant que le lui permet sa petite taille. Son enthousiasme et ses exclamations sont un peu grotesques, mais il n'en a cure. Il l'a dit à Martin, il cherche à s'engager, mais il ne connaît pas le chemin des « capitulations ». Aujourd'hui c'est Fragnière qui recrute. Ça, Martin le sait bien parce qu'il vient de l'apercevoir qui sortait de l'*Étoile*. Ivre déjà plus qu'à moitié et disant haut et fort qu'il allait recruter le plus de bras possible pour partir en Espagne. Les Valaisans sont pauvres et nombreux sont ceux d'entre eux qui s'engagent pour survivre. Mais l'Espagne, c'est très loin et ce ne sera pas si facile pour Fragnière d'acquérir ces soldats qui lui rapportent tant. Tous, lorsqu'ils ont le choix, préfèrent partir pour le Piémont, parce que c'est plus près de chez eux.

En le voyant fringant dans ses vêtements trop grands, ils sont beaucoup à s'être moqués de Charles. Mais il n'en avait cure. Il voulait juste savoir où il devait se rendre et, ridicule ou pas, il interpellait tous ceux qui croisaient sa route. Martin a su presque aussitôt que ce jeune homme pouvait devenir son ami. Il n'avait jamais vu encore un tel enthousiasme joyeux. Et cette détermination qui faisait fi des sarcasmes et des moqueries, qu'il semblait ne pas voir et ne pas entendre ! Sans pour autant être prétentieux, Martin a une grande conscience de lui et craint souvent de ne pas être adéquat, ce qui le rend timide. Ce jeune homme plein de fougue le fascine et il s'approche de lui, comme le fait de la limaille de fer près d'un puissant aimant.

– Je sais où se passe le recrutement. Je vais te guider si tu veux.

Charles lui a fait un sourire comme une bourrasque. Un sourire sans fard, large et reconnaissant. Et ils se sont dirigés vers le lieu des capitulations.

Martin est né d'une étrange alliance entre un père au cœur de feu et une mère pâle, rêveuse, dotée pourtant d'un très grand sens pratique. Dans sa fratrie de cinq enfants, il est celui du milieu. Celui que souvent on oublie, et qu'on laisse à lui-même. Avant lui il y a deux garçons, et après lui deux filles. De son père il a hérité d'un corps grand et fort. De sa mère une enfance rêveuse, avec un regard bienveillant sur le monde et les autres, une manière aussi d'être à sa place sans en prendre. Tout le contraire de Charles, en fait. À Monthey, ce jour de décembre 1780, il l'a suivi jusqu'au bureau des capitulations. Il a pensé que Charles aurait peut-être besoin de lui. D'autant qu'il ne semblait pas vraiment avoir écouté ses indications, tout occupé qu'il était à parler de batailles et de pays lointains, là où le canon frappe et tonne plus fort que la neige et le vent. Et il bougeait déjà bras et jambes en tous sens, pour s'en aller au plus vite. Ou pour se réchauffer, s'est dit Martin à le voir dans ses habits trop larges en lin et pas très chauds. Il lui en a fait la remarque et Charles a répondu en riant :

– Cela m'oblige à me décarcasser pour partir au plus vite. C'est pas le moment de *râ ouater*.

L'expression l'a frappé. Elle est courante à Saint-Gingolph. Son père l'adressait souvent à sa tribu, lorsqu'il trouvait qu'ils traînaient les pieds. Un mot sur lequel Charles a semblé trébucher lorsqu'il l'a prononcé. Imperceptiblement, mais assez pour que Martin s'interroge, lui qui connaît si bien le patois du village des deux pays.

CHAPITRE 3

Lorsqu'il était enfant, Martin vivait dans les hauts du village de Saint-Gingolph. Pendant quelques années, son père avait travaillé pour Isaac de Rivaz. Martin a de cet homme, de cette époque et de ce lieu des souvenirs lumineux. Isaac de Rivaz était plein d'idées à ras bord, des idées foisonnantes, continuellement nouvelles. Ingénieur et chimiste à la fois, Isaac se targua de lancer le commerce en grand et en vrac : de la fabrication des glaces de miroir, de sel marin, d'eau-forte faite du salpêtre de la plaine de Martigny, d'acide sulfurique issu des pyrites de Nendaz, de vinaigre préparé avec le bois des bouleaux. Et il a passé plus de vingt années de sa vie à mener des expériences pour construire cette *machine à feu* qu'il rêvait d'inventer, précurseur des automobiles, capable d'actionner véhicules et bateaux par l'explosion du gaz hydrogène. Des idées qu'il ne parvenait pas à mettre en œuvre mais qui le harcelaient et ne le laissaient pas en paix. Chaque fois qu'il avait un nouveau projet et un peu d'argent pour y travailler, le père de Martin était mis à contribution et grassement payé pour être son assistant. Ainsi, par à-coups, la famille s'enrichissait, puis retombait dans une période de retenue, mais jamais de misère, car la mère de Martin savait en période faste, avec un sourire et des mots de fermeté douce, tempérer les ardeurs dépensières de son époux. Le père de Martin était lui aussi un homme ingénieux et habile de ses mains et par bonheur, sa force lui permettait toujours de trouver un emploi pendant les moments creux des inventions d'Isaac. Ainsi était-il notamment en charge des grands mélèzes, ceux d'entre eux qu'on n'avait pas encore épuisés en perçant leur écorce pour en soutirer la térébenthine et que l'on recherchait pour mâter les ponts des navires. Descendus des montagnes, ils étaient embarqués à

Saint-Gingolph puis transportés sur le Rhône et amenés par la mer jusqu'au port de Toulon.

Lorsque le travail manquait, le père de Martin aidait à charger les grandes balles de marchandises qui traversaient le canton pour aller jusqu'au lac. Cuirs d'animaux surtout, animaux domestiques, vaches, juments, moutons, ou animaux sauvages, chevreuils, renards, loutres, loups et ces ours aussi, douze en une seule année pour le district de Saint-Maurice. Tout un monde d'odeurs, animales, végétales, qui emplissaient les narines de Martin et le faisaient rêver. Les enfants, quant à eux, la saison venue, aidaient au ramassage des châtaignes. Vingt mille arbres qui ornaient la montagne d'une des plus grandes châtaigneraies d'Europe et qui les occupaient tous, depuis que la petite commune avait racheté les arbres aux ducs de Savoie, après des années d'interdiction de cueillette et les sanctions sévères qu'ils leur imposaient lorsqu'ils passaient outre.

Martin était heureux dans son village coupé en deux pays par cette petite Morge qui descend de Novel et qui, depuis 1569 et les traités de Thonon, divise la bourgade en une partie française et une partie suisse. Ou plus exactement, à l'époque, une partie savoyarde et l'autre valaisanne.

Et même si la France avait obtenu la totalité de la rivière dans son territoire, parfois, lorsque l'été soufflait ses vents chauds depuis le Midi et sa chaîne en dents de scie, il s'asseyait au milieu de la rivière. Lorsque l'eau était peu profonde à la suite d'une période de sécheresse, il se couchait dans son lit et regardait le ciel au-dessus de sa tête. Le bras, la hanche et la jambe gauche savoyards et l'autre côté valaisan. Il se sentait ainsi au cœur du monde. Comme lorsqu'il partait dans les larges forêts adossées au flanc du Grand Mont, au printemps, lorsque les bourgeons vert vif du feuillage, pas encore tout à fait éclos, laissaient voir dans leur transparence l'eau du Léman plus bleue que jamais, presque turquoise parfois. À travers l'écran peu opaque encore des arbres, il regardait ces morceaux de lac, avec de temps à autre une grande barque blanche qui partait vers Genève pour aller jusqu'à Lyon. Alors il pouvait croire que c'était la mer sous ses yeux. Il les fermait pour s'en aller encore plus loin, vers d'autres continents et vers d'autres langages, qu'il ne comprendrait pas et qui lui sembleraient des chants d'oiseaux.

Martin avait douze ans lorsque, sur le conseil bienveillant et sans discussion de sa mère, ils ont quitté le village et l'emprise enjouée et ruineuse d'Isaac pour se rendre à Monthey où son père pouvait avoir un travail de chaque jour dans le charrage des balles. À Monthey, ils n'habitent pas très loin de la tannerie. La maison est jolie, mais lorsque le vent souffle du sud, l'odeur de bête morte lui met les larmes aux yeux. Cette même odeur, il la retrouvera dans la guerre, lorsqu'il partira rejoindre Charles. Mélangée sur l'île avec l'odeur sucrée des œillets des falaises, du millepertuis et des violettes, elle lui semblera plus obscène encore. Il se souvient de tout dans son enfance gingolaise. Elle l'enrichit de mille rappels heureux et d'une mélancolie qui l'imprègne depuis son départ pour Monthey.

Est-ce par la loi des contraires que Charles le fascine à ce point dès leur première rencontre ? Lorsqu'il lui a demandé son chemin, sa pétulance et cette force vive qui le caractérisent lui ont rappelé à la fois les torrents de montagne qui dévalent son Grand Mont pour courir vers le lac et à la fois aussi, une parade de carnaval colorée et bruyante. C'est pour cela qu'il l'a suivi, comme on suit un cortège, comme on suit un torrent, pour savoir où il va et parce qu'il nous entraîne.

Charles, lui, est petit. Ses vêtements un peu larges cachent son corps pas vraiment robuste. Un corps que les seize ans qu'il affiche fièrement promettent en devenir. Charles n'est pas assez grand pour s'enrôler, avec ses quatre pieds, onze pouces et des poussières. Il lui manque près de trois centimètres et c'est rédhibitoire. C'est ce que Martin entend Fragnière répéter de plus en plus fort à Charles qui pourtant redouble d'arguments et ne se laisse pas réformer pour si peu. Charles vitupère, il gronde et fulmine à souhait. Et il me sort de mon récit. Il y a tellement de choses, en lui, que je ne comprends pas.

Ce que je comprends en revanche, c'est que pour aller à la rencontre de mon héroïne, la fiction à elle seule ne suffira pas. Les deux siècles qui nous séparent font à tout moment irruption dans son histoire pour me replonger dans mes rêveries et mes interrogations. Depuis mon XXIe siècle d'Occidentale, je suis épatée par cette liberté qu'elle a prise. Je bute pourtant contre cette incroyable ferveur au combat ! Que s'est-il passé, pendant le temps qui court de son époque jusqu'à la mienne, pour que j'éprouve ce refus viscéral de la violence qu'un être humain exerce sur un autre? Sans pouvoir, qui plus est, me défendre d'un sentiment de supériorité mêlé d'un brin de suffisance. Comme si elle avait tort, elle, plutôt que moi. Comme si vraiment nous avions progressé. Il faut de la bravoure pour partir se battre. Pour elle, c'était une issue, une nécessité, un honneur sans doute. Pourquoi donc est-ce pour moi une calamité qui, jusqu'ici du moins, m'empêche encore d'accéder à ce qu'elle ressent?

À ce moment précis, Marie Anne a-t-elle envie d'être réellement ce Charles qu'elle prétend être? Veut-elle à tout prix devenir soldat? A-t-elle simplement envie de la liberté que lui offrira ce statut? Mais comment donc a-t-elle fait pour passer à travers tous les pièges qui devaient l'arrêter? Bien sûr, à cette époque, on ne se lavait guère et la nudité n'était pas de mise. Mais ces examens médicaux auxquels elle parviendra à échapper par trois fois au cours de l'année à venir? Si on finit toujours par lui céder, est-ce parce qu'elle est irrésistible ou au contraire tellement insupportable qu'on s'en débarrasse comme on peut? Autant de questions qui restent sans réponse et qui me poussent à nouveau vers la fiction.

CHAPITRE 4

Sous la fenêtre des capitulations, là où sont engagés les futurs soldats au nom de la Suisse, Martin attend que son nouvel ami revienne. Il se rappelle ces mots que Charles a prononcés, il y a un peu moins d'une heure, alors qu'il l'accompagnait vers le bureau de recrutement. Charles parlait tant et plus de ce qui l'attendait :

– Dans ce pays où je vais, le soleil, les couleurs, les odeurs, les lumières, tout est tellement plus vif, plus lumineux qu'ici !

– Mais comment sais-tu cela, tu l'as lu dans un livre ?

– Moi, lire ? Tu plaisantes ! Tu me vois le nez dans un livre ? Tu crois que j'ai le temps ? Non, je l'ai entendu dire par un homme de chez nous. Il était revenu des îles. Avec un morceau de jambe en moins, qu'on avait remplacée par un bois de mélèze taillé.

Mais il en parlait haut et fort et il y avait dans sa voix le regret de tout ce qu'il avait dû laisser.

– Tu pourrais partir sans que ce soit pour te battre !

– Ah bon ? Et comment cela ?

– Pour faire du commerce, par exemple, ou pour accompagner quelque riche voyageur. Ou même faire la cuisine sur une caravelle.

À ces mots, Martin ne comprend pas pourquoi, Charles s'est retourné avec une férocité qui l'a laissé pantois.

– Moi, faire la cuisine ?! Ne redis jamais une chose pareille ou je te transperce et te fais griller vif.

Martin a eu envie de rire devant cette fureur si abrupte. Mais il a compris que ce ne serait sans doute pas une bonne idée et il a donc repris :

– Tu n'aimes pas ton pays?

– Si tu connaissais Saint-Gingolph, tu comprendrais pourquoi je pars!

Martin n'a rien dit. Il n'a pas voulu contrarier son ami en lui disant combien il l'aime, lui, ce village du bord du lac. Et Charles a poursuivi:

– Pense déjà que depuis là-bas, tu vois ce pays de Vaud constamment au soleil, alors qu'on reste, nous, à l'ombre des montagnes. Si j'étais né sur l'autre rive, j'aurais simplement cherché à passer par-dessus les Alpes, ou à filer vers le sud, pour aller dans le Piémont par les cols. Mais lorsqu'elles sont dans notre dos, lorsque l'on est collés aux montagnes, on doit s'échapper autrement. Partir beaucoup plus loin. Pour ne pas revenir! Et puis j'ai besoin d'être utile, à un pays ou à un roi. J'ai besoin d'être brave.

En disant ces derniers mots, Charles a mimé autour de Martin une terrible bataille, à coups de sabre et de fusil. Sautant sur un petit mur du chemin, puis face à lui, le mettant en garde avec un lot de gestes acrobatiques et lestes.

Martin s'est enfin permis un grand rire. Charles fait à tout le moins une tête de moins que lui. Mais cela ne l'empêchera pas de les épuiser, tous, à force d'énergie joyeuse et combative et surtout insatiable.

Depuis cette «rive d'en face» dont parle Marie Anne, cet autre côté du lac où je vis, la chaîne des montagnes semble une parure solennelle. Assise à ma table de travail, chaque fois que je lève les yeux, je vois le triangle évasé de son sommet. J'y observe les premières neiges d'automne ou le lever rose du petit matin. «Rasez les Alpes!» titrait l'exposition photographique de cet ami si cher, comme pour déloger la montagne. Aujourd'hui pourtant et depuis plus de vingt ans, au rythme d'une photo par jour, il nous donne à voir sa présence et ses infinies variations. Et c'est comme une vanité: nous passons et la montagne reste. Telle qu'elle était au temps de Marie Anne, semblable à un rempart qui protège et enferme.

Est-ce elle qui a poussé Marie Anne à partir? Pour échapper à cet enfermement? A-t-elle tout au fond d'elle l'obscure intuition que sa place est ailleurs ? Quelle perception a-t-elle de son identité ? Elle qui, jusqu'à sa mort, refuse d'être démasquée et qui n'accepte d'honneurs que pour Charles, jamais pour Marie Anne. Je suis certaine quant à moi qu'à sa place, au tout dernier moment, j'aurais voulu qu'ils sachent. Qu'ils sachent devant moi, pour jouir de leur surprise ! Mais pouvoir affirmer sa fierté d'être une femme n'est peut-être qu'une notion moderne ? Qu'a donc vécu Marie Anne pour se battre avec tant de fougue et d'enthousiasme ? Qui plus est pour une terre qui n'est pas la sienne ? Avec une détermination qui ne se démentira pas. Jusqu'à la mort. Et mon propre rejet de toute forme de férocité ne serait-il donc que culturel ? Aurais-je pu être comme elle à une autre époque ? Avec le même aplomb et le même sentiment que mon combat est juste ? Je l'observe encore et encore, avec le peu que je sais d'elle. Elle ne me confie rien.

Alors, je retourne à Martin qui saura, lui, peut-être, à nouveau me rapprocher d'elle, me rapprocher de Charles. Car Martin ne sait pas, contrairement à moi, que Charles est Marie Anne. Il est comme eux tous autour d'elle et ne se doutera à aucun moment que l'identité de son ami n'est pas celle qu'il croit.

CHAPITRE 5

Martin a donc guidé son nouvel ami jusqu'au point de capitulation. En attendant qu'il sorte du bureau de Fragnière, Martin se demande ce que Charles a de différent des autres. Ce teint un peu rosé de berger des montagnes? Sa voix acidulée de groseille sauvage, un peu trop haut placée? Cette sorte d'incroyable élan joyeux qui donne envie de le suivre, sans réfléchir, comme les enfants suivent le joueur de flûte du conte? Resté à quelques pas de distance, il l'avait observé et il avait été surpris de la curiosité qu'il exerçait sur les gens qu'il croisait. On aurait dit qu'il laissait sur son passage un mélange de poudre et de confettis. Derrière le bâtiment de capitulation, Martin l'attend, assis sur les escaliers. Il fait froid, mais un peu de soleil frappe contre les vitres de la maison de commune qui tout à coup s'ouvrent brusquement, comme sous l'effet d'une tornade ou d'un coup de vent. Ou d'abattement aussi, c'est ce qu'il a pensé en voyant plus qu'il ne l'entendait le soupir bref du soldat dont le profil se découpe dans le cadre de la fenêtre. Pour reprendre son souffle sans doute, mais aussi pour retrouver sa détermination sous les coups de gueule protestataires du garçon qui rejette avec véhémence leur refus de l'engager!

– Regardez comme je suis vaillant. Et je n'ai que seize ans! Dans six mois et pas un jour de plus, je serai enfin sur un champ de bataille et j'aurai acquis ces misérables centimètres que vous me reprochez de ne pas avoir!

– N'insistez pas, jeune homme, répond l'homme d'armes.

Il n'a pourtant pas le temps de finir sa phrase que Charles déjà surenchérit, affirmant que bien sûr, il allait insister! Qu'il les laissait tranquilles parce que c'était Noël, mais que demain déjà, il serait de retour. Qu'il reviendrait frapper à la porte du capitaine aussi longtemps qu'il le faudrait pour les convaincre, tous, qu'il serait le plus valeureux et le meilleur de leurs soldats.

De sous son abri, Martin le doux se demande ce qui peut bien amener un garçon de constitution si menue à tant vouloir partir en guerre. Il connaît l'attrait de la solde sur ce type de départs et comment beaucoup s'engagent parce qu'ils n'ont pas le choix. Ou encore parce qu'ils sont ce à quoi ils ressemblent, de grandes brutes animales qui ne sauraient de toute manière rien faire d'autre et pour qui se battre est comme une évidence. Ou de grands hommes plutôt calmes avec un goût de la discipline et de l'uniforme qui se devine même sous leurs habits de civils. Il y a, paraît-il, aussi quelques amoureux éconduits qui disent n'avoir désormais plus rien à perdre et qui veulent découvrir d'autres mondes. Mais le petit Charles n'est rien de tout cela. Il semble simplement façonné d'enthousiasme. Il y a de l'insistance allègre dans ses mots pour convaincre, mais pas une once de colère, pas un éclat de voix qui ne soit dit gaiement et ses joues s'empourprent en songeant au départ, comme celles d'un bien-aimé lorsqu'il croise sa belle. Martin, lui, n'a ce type d'élan pour rien, si ce n'est parfois pour les livres, mais c'est un élan calme et peu spectaculaire. Un goût dont son père ne fait aucun cas, qu'il raille et lui reproche. Martin, habitué à tenter de comprendre ce qu'il ressent, ne sait pourtant pas dire, à ce moment précis, si l'élan de Charles lui fait envie ou s'il le trouve effrayant. Il sait seulement qu'il voudrait d'être à ses côtés, pour que retombe sur lui un peu de son énergie qui déborde sur tout.

– Jamais je ne serai bilyaboqué, encouble, ou bedan! s'écria alors le jeune homme cherchant à les convaincre.

Et cela fit sourire Martin qui y reconnut à nouveau les mots de son village natal, mais avec pourtant, et cela le surprit à nouveau, ce brin de patois d'ailleurs qu'il ne reconnaît pas.

À peine sorti de la salle des capitulations, Charles entraîne son ami.

– Je reviendrai demain. Le départ est prévu en fin de matinée. Ils ne partiront pas sans moi.

– En général, ils ne font pas tant d'histoires pour recruter des soldats, qu'est-ce qu'ils te reprochent ?

– Trois centimètres. Trois misérables centimètres qui manquent à ma taille. Dis-moi ce que trois centimètres peuvent bien valoir contre un cœur vaillant ?

À ce moment, Fragnière est sorti du bureau, il s'est moqué de Charles dans le dos de Martin. Il les a invectivés. Avec dans le timbre de voix autant de traces de vin que d'arrogance, il s'est adressé à Martin :

– Celui-là c'est un gaillard qui pourrait être dans ma troupe. Pas comme toi, petit crevaillon. Allez donc, tu le convaincs de s'engager et je te prends à moitié prix, puisque tu n'es qu'une demi-portion !

Fragnière a éclaté d'un rire sonore et plein de grossièreté qui a fait vibrer les pustules bulbeuses de son nez. Son nez que Martin a regardé fasciné ; c'était comme une très grosse framboise, lorsqu'à la fin de la saison, elles sont encore attachées à leur tige piquante, déjà attaquées par quelque pourriture et que le rouge presque violet de leur chair molle annonce leur chute prochaine. Mais déjà Charles était dressé devant Fragnière, avec ce mélange singulier de menace et d'entrain qui le caractérise.

– Je n'ai besoin de personne pour être soldat. Je veux bien n'être rien d'autre pour vous qu'un moyen de gagner de l'argent. Mais je ne suis pas une balle de beurre qui s'ajoute à une autre. Je reviendrai demain.

Il y avait dans son ton un mélange de détermination et de candeur qui a fermé le clapet de l'énorme Fragnière. Il n'a rien rétorqué. Il s'est tourné vers ceux qui étaient là et il les a invités à aller boire une pinte. Charles, de son côté, avait déjà tourné les talons et il avait fait signe à Martin de le suivre.

Le suivre, Martin le voulait bien, mais il était surpris. Charles venait de lui demander son chemin, et voilà maintenant qu'il prenait la tête d'une destination vers laquelle il partait sans hésitation.

– Où donc allons-nous ?
– Je n'en ai pas la moindre idée. Mais cela m'est bien égal, tant que ce gros lourdaud ne le sait pas !

Et il a continué sa route d'un pas sautillant, élastique et raide à la fois. Avec soudain juste un rire d'enfant chamailleur et sûr de lui.

CHAPITRE 6

Martin a suivi Charles jusqu'au bord du canal qui, depuis cinquante ans, divise la colline de Château-Vieux. Ils se sont assis sur la berge. Charles a repris son récit des batailles qui l'attendent, de sa future vie de soldat, des combats loyaux et joyeux qu'il va mener. Charles arrête-t-il parfois de se projeter à voix haute dans ce qui l'attend ? Martin, que le futur intéresse moins que le passé, n'a pourtant pas osé demander à Charles ce qu'a été sa vie jusque-là pour qu'il rêve tant de partir.

Son passé, Charles n'en parlera jamais. Et personne d'autre que lui non plus, je le comprends maintenant. Mais « jamais », quand on meurt à dix-sept ans, c'est tellement dérisoire.

Son mutisme à nouveau m'exclut de son récit, je repars vers mes interrogations. Marie Anne sait qu'elle est une fille, c'est en tout cas ma conviction. Je suis sûre que jamais elle ne se confondra avec les hommes du régiment. J'en veux pour preuve ce geste qu'elle aura quelques minutes avant de mourir, pour empêcher le curé de toucher sa poitrine. Un simple geste de pudeur, après un an de vie militaire ? Ou l'envie de mourir sans être démystifiée ? Pas d'oubli de ce qu'elle est, ce geste en est la preuve. Dans ce XVIIIe siècle européen dont la nudité est absente, elle sent son corps mais elle ne le voit pas, ni personne d'autre non plus et elle peut donc le cacher. Était-il plus facile de se travestir à la fin du XVIIIIe siècle qu'aujourd'hui ? Que penser de notre nudité des plages et des villes, nos vêtements qui collent à la peau, toute cette liberté de faire état de notre corps, de nous montrer tout en entier, qu'on prône souvent comme un pouvoir, une franchise, un droit ? Et si ce n'était qu'une autre forme d'emprisonnement ? L'obligation en quelque sorte de se soumettre au regard des autres ? D'avoir un corps bien fait, un visage soigné ? Le petit Charles, lui, parvient à mystifier une armée entière, pendant toute une année.

N'est-ce vraiment que la force de sa mystification qui me donne envie de raconter son histoire ? La formidable énergie, au combat notamment, de Marie Anne que tous décrivent comme une héroïne exemplaire, plus forte que tous les soldats de sa garnison, est peut-être née d'un secret. Cette mort qui vient si tôt, l'a-t-il cherchée ? Voilà que je dis « il », même moi, elle me leurre ! Est-elle fière de n'être pas démasquée ? Ou juste soulagée d'avoir trouvé un moyen de survivre ? Pense-t-elle se cacher jusqu'à la fin de sa vie ? Vivre au milieu de tous ces hommes éveille-t-il parfois quelques pleurs ou quelque désir ? Désir d'eux ou d'être eux ? À la regarder vivre, je ne peux m'empêcher de croire qu'il y a chez elle une blessure. Peut-être est-ce elle que je dois tenter de découvrir ?

CHAPITRE 7

Cette dernière piste m'ouvre des portes et l'écriture de la fiction revient. Ainsi, dans son passé survient Philippe, un cousin qui fut essentiel dans la solitude de son enfance. Philippe qui ne parlait que de partir. Et qui est mort, la jetant dans ses pas. Sur des chemins imaginaires qu'il n'a jamais pu suivre et qu'elle va donc emprunter pour lui. À défaut d'être elle-même, elle pourra être lui, ce cousin qu'elle a tant aimé, qu'elle a admiré et chéri.

Philippe est le seul à qui, parfois et par-delà la mort, elle parle d'autrefois. Au petit matin, lorsqu'elle est réveillée avant tous, elle lève les yeux vers le ciel où elle se dit qu'il est – parce que c'est moins désespérant que de les baisser vers la terre où il repose – et elle lui raconte la vie qu'il aurait, à voix haute ou à voix intérieure, selon qu'elle est seule ou près de quelqu'un. Il rêvait de batailles, il voulait être soldat. Il voulait surtout quitter ses montagnes. Quitter son enfermement. Comme Martin, Philippe savait lire, ce qui était exceptionnel au hameau. Mais il était exceptionnel ! Il avait appris avec le curé, en échange, disait-il, de quelques services dont il n'a jamais précisément fait état. Philippe était un être lumineux. Il voulait être soldat pour partir, vers ces lointains pays où il était question de la mer, de vaisseaux, de vent chaud toute l'année, comme il l'avait lu dans un livre dont il connaissait des extraits par cœur. Et qu'il récitait lorsque Charlotte, la sœur aînée de Marie Anne, était à leurs côtés. Mais elle n'écoutait guère, même lorsqu'il enchaînait, pour tenter de lui plaire, sur les fleurs et les fruits aux parfums enivrants dans lesquels on croquait. « Comme dans une motte de beurre ! » avait ajouté Marie Anne, elle qui ne connaissait rien de plus moelleux que cela dans la vie. Philippe avait ri et il avait alors redit pour Marie Anne ces mots qui les faisaient rêver, qui les emportaient tous les deux, elle, la petite fille d'alors et lui, presque un adolescent et en mal de partir : « Je me croyais transporté dans le jardin d'Éden : nous parcourions une plaine de gazon, couverte de beaux arbres fruitiers et coupée de petites rivières qui entretiennent une fraîcheur délicieuse. Un peuple nombreux y jouit des trésors que la nature verse à pleines mains sur lui. » Ces lignes du texte de Bougainville, paru un peu plus de vingt ans plus tôt, auquel Marie Anne ne comprenait rien, mais qui lui paraissait si beau quand Philippe récitait.

Qui était-il donc ce curé de montagne qui avait avec lui un exemplaire du *Voyage autour du monde* de Bougainville ? Un curé venu d'une grande ville ? Un amoureux de Rousseau qu'on avait exilé aux sources de la Dranse, pour le punir de vouloir pervertir de jeunes âmes avec ses idées novatrices ? Ce qui est certain en tout cas, c'est qu'il eut sur Philippe une influence définitive que celui-ci transmit à Marie Anne, la seule qui, dans ces monts peu propices à la rêverie, prenait le temps de l'écouter.

C'est la description des odeurs, surtout, qui fascinait Marie Anne. Les couleurs, on peut se les représenter. Comment imaginer une odeur nouvelle ? Comment raconter l'odeur du jasmin ? Décrire celle d'une mangue mûre ? Philippe voulait être soldat parce qu'il voulait partir, et que c'était le seul moyen. Marie Anne l'avait-elle compris ? Elle qui rêve des batailles qu'elle va vivre pour lui.

Lorsque Philippe a disparu, elle a plongé pour de longs mois dans un abattement que personne n'a vraiment compris. Ils l'ont laissée à son chagrin, agacés ou indifférents. Elle a elle-même pensé qu'elle n'en sortirait jamais. Jusqu'au moment où elle a pris la décision de partir, vivre, elle, et pour lui, tout ce dont il rêvait. C'était au petit matin, le jour de ses quinze ans, un peu plus d'une année après la mort de son cousin. Un de ces moments hors du temps, quand on ne sait pas si l'on rêve ou si l'on est réveillé, si ce qu'on vit est un songe ou la réalité et où l'on n'est pas obligé de choisir entre les deux. Elle l'a vu entrer dans la chambre et il est venu s'asseoir sur le bord de son lit pour lui parler encore des combats qu'il rêvait de mener, dans cet ailleurs qui l'attirait avec une telle force. Elle a fait ses yeux arrondis d'étonnement, ce regard à la fois crédule et enthousiaste qu'il aimait parce qu'ainsi, elle cautionnait ses rêves. Même si elle y croyait surtout pour qu'il continue à les lui raconter. Elle a pensé le voir vraiment. Elle a cru qu'il n'était pas mort, qu'il était revenu. Puis, son visage à elle s'est superposé sur celui de Philippe qui disparaissait dans les toutes premières lueurs de l'aube. Alors elle a compris qu'elle devait partir coûte que coûte, pour lui faire vivre sa vie à travers elle, par une procuration dont elle serait la messagère.

Les espoirs de Philippe lui restent accrochés à l'âme. Aujourd'hui, elle a à peine seize ans, un âge où les rêves commencent juste à être réalisables…

Une fille ne s'engage pas. Une fille, en revanche, peut disparaître sans grand fracas. Surtout une fille comme elle. Surtout dans une famille comme la sienne. Des filles, dans sa famille, il y en a assez. Et tous sans doute seront soulagés de se débarrasser de cette Marie Anne turbulente, qui plus est tellement déprimée depuis la mort du cousin Philippe que c'en est presque indécent. D'autant qu'elle n'a pas l'air de vouloir trouver un mari qui la prendra en charge. Elle sera utile au père puisque depuis quelques mois, la mère est malade, elle pourra la remplacer et faire le sale boulot. Mais à part cela, ils la verraient disparaître sans beaucoup d'états d'âme. Et puis il y a ce problème qui tracasse sa mère. Marie Anne n'a jamais sali ses draps. Sa mère n'en a pas fait grand cas, car elle craint qu'on se moque d'elle. Mais sans règles, pas d'enfant et sans enfant…

Oui, il faut bien que Marie Anne n'ait pas de règles pour pouvoir passer pour un homme au cours de ces douze mois de vie avec eux ! Comment cacherait-elle ce sang dans le bleu des culottes de son uniforme ? En faisant des recherches, j'ai trouvé une raison qui pourrait être la bonne, une hypertrophie de la thyroïde peut avoir cet effet. Et donner aussi cette énergie débordante que tout le monde note à son propos. Mais elle peut aussi avoir simplement un retard de puberté qui la laisse sans règles pour le moment.

Les va-et-vient constants de son passé à mon présent me deviennent peu à peu familiers. Je la quitte et je la retrouve selon un ordre qui reste mystérieux mais que j'apprends à accepter.

CHAPITRE 8

Depuis qu'elle a dix ans, Marie Anne ne trouve un peu de place qu'auprès de Philippe. Avant, il habitait en ville, au bord du Léman. Lorsque sa mère est morte, puis son père, quelques mois plus tard, il est monté au Nicodex pour vivre chez leur grand-mère. C'est lui dès lors qui reprendra la petite ferme de montagne, il n'a plus le choix, il est désormais à la charge de ses grands-parents. Il fera ce qu'ils disent, c'est ce qu'ils pensent tous. Tous sauf Marie Anne qui sait ses rêves de départ et qui, sans le dire à personne, les partage dans son cœur.

Marie Anne voit bien que même les garçons sont souvent enfermés dans des obligations. Elle sait aussi que c'est encore bien pire lorsqu'on est une fille. Elle n'est pourtant pas en rébellion. Elle constate, c'est tout, et rêve avec Philippe. Ce n'est pas tellement qu'elle voudrait avoir le droit d'apprendre à lire ou à écrire comme certains d'entre eux, elle aime beaucoup trop courir dans les bois. Partir au matin en quête de champignons ou de lièvres bien gras, elle l'a fait si souvent ! Mais depuis quelque temps, lorsqu'elle les ramène, très fière de son butin, sa mère lève les yeux au ciel, lui intime de mettre de l'ordre dans ses cheveux défaits, d'enlever les aiguilles de sapin piquées dans ses bas de laine et de se mettre enfin à l'ouvrage qui l'attend, dans la cuisine ou près du feu où s'accumulent les tâches qu'on lui a destinées. Marie Anne a besoin de bouger. Elle ne sait pas rester en place. Alors, pour se faire oublier, ne pas prendre de coups ou subir les sempiternels reproches des siens, elle file dans les forêts voisines pour quelques heures de paix et de petites joies. Ce n'est pas de sa faute si même dans les moments qui exigent du calme en signe de respect, son corps la trahit. Comme dans la petite église où ses jambes la démangent et s'impatientent irrésistiblement, imprimant la tremblote à tout le banc de bois, ainsi qu'aux paroissiens, qui lui jettent des regards noirs qui restent sans effet.

Marie Anne n'est pas spécialement jolie, mais elle est loin d'être vilaine. Elle a pris en grandissant des muscles bien dessinés. Ses jambes, surtout, sont fermes et musclées à force de courir de haut en bas du vallon, souvent en quête de son cousin Philippe. On pourrait croire que celui-ci subit sa jeune cousine. Mais il n'en est rien. Elle seule lui permet de rêver son avenir à voix haute. Il peut se répéter, dire toujours les mêmes phrases, elle ne se lasse jamais.

Cette vie qu'il lui a si souvent racontée. Et qu'il ne vivra pas puisqu'il est mort. À dix-huit ans. Écrasé sous cette énorme bille de bois qu'il devait faire descendre depuis la grande forêt de mélèzes des hauts du Nicodex jusqu'à la Dranse et de là à Ripaille, au bord du Léman pour qu'elle aille plus loin encore jusqu'à la mer où elle deviendrait un grand mât. Elle se souvient qu'il lui avait dit à quel point il enviait les grands troncs qui partaient pour si loin. Elle acquiesçait, mais ne concevait pourtant pas vraiment ce besoin de partir, c'était si grand, déjà, de haut en bas du vallon! Ce n'était pas la première fois qu'il faisait ce travail de débardage du bois. Elle n'a pas compris comment il avait pu se trouver ainsi sous cet arbre. La bille s'était abattue sur lui en une diagonale parfaite, fracassant la jambe gauche, l'abdomen, l'épaule et le bras droit, et toute une partie du visage. Pour écraser ses rêves en même temps que son corps. C'est ce qu'elle a pensé. Le grand tronc se vengeait, lui qui contrairement à Philippe ne voulait pas de ce déracinement. C'est ce qu'elle a trouvé de plus cruel, ce visage en charpie pour faire taire les rêves.

CHAPITRE 9

Aujourd'hui, à Monthey, c'est elle qui s'apprête à partir. Et ce n'est pas cet affreux sergent gras, ivre de vin et de suffisance qui l'en empêchera ! Ses souvenirs ont fait passer un peu d'ombre sur les rondeurs de son visage soudain très enfantin. Marie Anne le comprend au regard que Martin pose sur elle à l'instant. Elle se reprend aussitôt et redevient Charles.

– Bon, eh bien, merci Martin, mais je vais te laisser. Je dois trouver un endroit pour dormir. Il faut que je sois en forme demain pour convaincre ce Fragnière qu'il ne trouvera pas mieux que moi !

– C'est Noël aujourd'hui, toutes les portes seront fermées. Tu ferais mieux de rentrer dans ta famille.

– Je ne suis pas certain d'en avoir une encore. Et puis c'est loin chez moi !

– Saint-Gingolph n'est pas si éloigné d'ici, avec un bon cheval, tu y serais en un peu plus d'une heure.

Une angoisse rapide est passée sur les traits de Charles.

– Mais je n'ai pas de cheval ! Et je n'aime pas Noël.

– Alors viens au moins dormir chez moi. Mes frères sont un peu brusques, mais ma mère est gentille. Et comme il n'y a chez nous que des garçons, elle t'accueillera comme un de plus, c'est tout.

Marie Anne s'efface et Charles aussitôt accepte avec plaisir.

Comme l'a prévu Martin, sa mère a simplement ajouté un couvert et après une courte prière, les conversations sont allées bon train.

– Mon père est commerçant et chez nous, passent toutes sortes de produits. Entre leur arrivée et leur départ, ma mère prend toujours un peu de chacun. Pour s'assurer, dit-elle, que les produits sont bons. Ainsi de ce fromage qui vient des pâturages des comtes de Gruyère et qui dès demain traversera la France.

– C'est donc plus facile de sortir du pays quand on est un fromage qu'un jeune homme comme moi, même pas plus lourd qu'une meule! s'est exclamé Charles, faisant rire l'assemblée.

Juste avant cela, un des frères de Martin, grand comme eux tous dans la famille, s'était moqué de sa petite taille. En riant, mais avec aussi incontestablement du mépris dans la voix. Martin avait voulu s'interposer mais Charles avait été plus rapide que lui. Sur ce sujet comme sur tant d'autres, il n'est pas susceptible. Aujourd'hui, il est un garçon, il a le droit de rétorquer et cela lui suffit.

– Je n'ai peur de rien et ma fougue compense largement ma petite taille.

Martin avait souri. C'est cela même qui lui manquait, la langue bien pendue, accrochée à une solide confiance. Il avait décidément l'impression, lorsqu'il était près de Charles, qu'un petit peu des deux retomberait sur lui.

– Sais-tu mon jeune ami que l'an dernier, plus de 5 000 livres de beurre sont sorties du gouvernement de Monthey?

– Et où donc allaient-elles?

– Elles partaient pour Vevey. Puis Lausanne et Genève.

– Je ne suis jamais allé à Vevey, mais depuis Saint-Gingolph, je regardais souvent les quatre tourelles de l'église qui me faisait face.

– Tu viens de Saint-Gingolph? Où donc habitais-tu?

– À la rue de la Morge, en bas, tout près du lac.

– C'est étonnant, nous y étions jusqu'en 1775. Rappelle-moi ton nom?

– Il ne vous dira rien, nous avons longtemps vécu dans la montagne et cela ne fait que trois ans que nous y sommes. Oh Madame, comme ce plat est bon, je ne me souviens pas avoir jamais mangé rien de pareil! a-t-il ajouté aussitôt pour changer de sujet.

– Mais, ce sont des châtaignes!

Martin a piqué du nez sur son assiette cependant qu'à toute vitesse, Charles tentait de se rattraper.

– Oui, je vois bien, mais je ne les connaissais pas sous cette forme et je...

Et le voilà reparti dans une autre phrase qui n'a rien à voir avec celle d'avant, se moquant de ses propres mots et entraînant bientôt à nouveau chacun dans son futur tourbillon militaire. Tellement plein d'enthousiasme et d'imprécisions que chacun s'y perd en riant, même lorsqu'il parle de cet argent qu'il va gagner en combattant.

– Ne parle pas de ta solde à tout-va, jeune homme, a dit le père de Martin. Les Valaisans se méfient de l'argent, ils n'aiment pas trop le commerce, et la paysannerie a nettement leur préférence. L'argent chez nous a la réputation de pervertir. Être paysan, pour eux, c'est ce qu'il y a de mieux, c'est produire ce dont on a besoin pour vivre et peut-être, s'il y a lieu, vendre le surplus. Comme ce beurre dont je parlais, 5593 livres exactement qui le 10 janvier de cette année partiront de Monthey pour les rives suisses du Léman.

Oui, au XVIIIe siècle encore, dans cette vallée du Rhône, on doute des bienfaits de l'argent. Et de l'or aussi d'ailleurs, comme le démontre cette volonté, au siècle précédent, de ne pas ouvrir une mine dont tous les frais pourtant étaient payés.

– C'était il y a cent ans, à l'offre d'un prince milanais qui proposait 100 000 écus comptant, pour l'exploitation d'une mine pendant trente ans. Sais-tu ce que la Diète leur a répondu? «Si l'entreprise échouait, nous aurions du remords à ruiner un brave homme; si elle réussissait, cet argent exciterait contre nous l'envie et la cupidité des voisins!»

Ils ont ri à nouveau, de ce bon sens prudent des gens d'ici, et ils ont mangé ce dessert que leur avait préparé la mère de Martin, des châtaignes encore, en purée cette fois, avec de la cannelle, cette épice précieuse dont elle a aromatisé le plat, en l'honneur du départ de Charles vers ces terres lointaines dont il rêve. En une soirée, ils ont fait plus pour lui, cette famille inconnue il y a quelques heures encore, que la sienne en seize ans. Mais Marie Anne ne va pas s'attendrir. Premièrement, parce qu'elle ne saurait sans doute pas comment trouver en elle de quoi le faire. Et puis, parce que ce n'est pas le moment de se pencher sur ce qui pourrait ou aurait pu être. Il est temps d'être Charles. Il est temps de partir. Elle a levé son verre, rempli d'eau citronnée, elle a fait la grimace.

– C'est l'effet du citron, cela me fait toujours cela! a dit Charles, bravache, qui en goûtait pourtant pour la première fois.

Ils ont prié encore, c'est la nuit de Noël, mais Charles n'ira pas à la messe de minuit. Ils ont été surpris, mais il l'a répété, Jésus lui pardonnera, il sait son combat juste et qu'il doit dormir tôt pour être assez en forme le lendemain matin. Pour convaincre Fragnière.

Martin l'a emmené vers la pièce où ils allaient dormir. Pour l'atteindre, ils ont traversé la boutique de la mère de Martin.

Martin aime ce lieu et il est heureux que, pour un instant au moins, Charles se taise et regarde ce qui l'entoure. Il tourne sur lui-même et sans un mot, sourit aux étagères de draps et de tissus : flanelle, cadis, milaine, ratine, triège, velours, Limoges, toiles, fils de laine, mercerie, articles confectionnés : bas, dentelles, tabliers, mouchoirs, bonnets, gants et boutons, puis plus loin, tabatières, crochets, paquets de cordes de violon et enfin face à lui : gingembre, fleurs de muscade, safran, meules de faux et savon. Très peu de vitrine et des entassements, des empilements jusqu'au haut du local, qu'on atteint avec une échelle aux minces barreaux de métal noir. Le regard de Charles s'est arrêté sur les épices. Il ferme les yeux, se tait, et lorsqu'il se laisse pénétrer par toutes ces senteurs, les mots de Philippe défilent en vagues sur son visage et l'animent.

Martin est parti pour la messe avec toute sa famille. Couché seul dans le noir, Charles ne laisse pas la place ce soir à Marie Anne. Comme il le fait souvent, il monologue, en expliquant à voix haute comment il convaincra demain le chef des capitulations, par le chant glorieux de son enthousiasme. Toujours ces adjectifs, ces mots qui ne sont pas les siens, empruntés à Philippe, qu'il récite pour convaincre et pour se souvenir. Et puis c'est le silence, un silence qui se fait tout à coup complet. Charles s'est endormi au milieu d'une phrase, pleine de parfums et d'arômes, de chants de guerre et de batailles.

CHAPITRE 10

Le lendemain, c'est le sous-lieutenant Pierre Guillot qui devait mener les recrutements, mais il est absent. Peut-être qu'en ce 26 décembre, il avait promis à sa famille qu'il resterait avec eux tous. Peut-être est-il simplement en train de préparer son départ à lui. Il ne choisira pas ceux qui partent, mais c'est lui qui fera le voyage jusqu'en Espagne où il les remettra au capitaine de la garnison. À cette époque, le mercenariat a cédé la place aux capitulations. Ce n'est plus seulement au motif de l'argent que l'on part se battre, c'est aussi pour son pays. Cet échange d'hommes est d'une grande valeur pour les cantons suisses et leurs alliés comme le Valais. D'une part, car il assure au pays cette sorte de protection des plus grands dont il jouit, d'autre part aussi, parce que l'argent que gagnent les soldats qui partent est essentiel à l'économie du pays. Ainsi est-il même arrivé que l'État de Fribourg donne beaucoup d'argent au roi de France pour que ce dernier ait les moyens d'engager des soldats. En 1598, Henri IV doit 36 millions d'or aux régiments suisses, sous Louis XIV plus de 80 millions. Un peu à la manière, sans doute, des pratiques d'aujourd'hui qui veulent que certains pays donnent de l'argent à d'autres pour qu'ils puissent payer les intérêts de leur dette.

Pour l'Espagne, ils sont moins nombreux à s'inscrire. C'est loin l'Espagne. Ils ne peuvent pas rentrer chez eux à pied comme ils le feraient du Piémont. Ce chez-eux, dont ils parlent, qui à tous leur manque et qu'ils chantent, chaque région à sa façon, sur les champs de bataille. Ce *Lyoba*, par exemple, « célèbre ranz des vaches, cet air chéri des Suisses, il fut défendu sous peine de mort de le jouer dans leurs troupes parce qu'il faisait fondre en larmes, déserter ou mourir ceux qui l'entendaient » comme le rapporte Rousseau. Ce chant des armaillis qui, même chez moi, provoque une envie de rentrer. De m'en retourner de je ne sais où, moi qui ne suis jamais partie longtemps ! De revenir peut-être vers un passé qui n'était pas meilleur, mais qui semble inscrit quelque part en chacun de nous depuis la nuit des temps. Vers cet âge d'or ou ce jardin d'Éden qu'on porte en soi, comme un souvenir persistant de ce qui ne fut jamais. Il paraît même que le mot nostalgie a été créé pour ces mercenaires, en 1678, par un médecin suisse, le docteur J. J. Harder, avec le mot *-algie*, le mal, la souffrance, précédé de *nostos*, l'envie de revenir. Oui, parfois, on éprouve cette envie du retour, en arrière ou là-bas, dans un temps, dans un lieu qui non seulement n'est plus, mais n'a jamais été.

Les lois de l'engagement sont strictes et joliment décrites : « On n'engagera personne qui aurait été flétrie par Justice civile ou militaire. On n'engagera que les hommes qui voudraient s'engager librement et de leur propre volonté. On n'engagera pas au-dessous de seize ans et au-dessus de quarante ans et qui ne soit de la religion catholique apostolique et romaine. » L'âge et la religion sont donc sur la même ligne et sous le même chiffre de règlement. Cependant, qu'« on recevra, avec la compensation des parents, jusqu'à la concurrence de vingt-quatre enfants depuis l'âge de dix ans pour tambours ou musiciens pourvu qu'ils soient vaillants. »

On n'engage que les Suisses, pour trois ans au moins. Sont considérés comme suisses aussi ceux du Haut et du Bas-Valais. Si Charles n'est pas valaisan, il parvient du moins à le faire croire. Mais tout se gâte avec sa taille. Parce que le texte de recrutement se poursuit avec ces mots : « on recevra les Suisses à cinq pieds un pouce, mesurés sans souliers. Cependant, « ceux qui sont bien constitués pour soutenir les fatigues et qui donneront espérance de grandir seront acceptés à cinq pieds et un demi pouce de 16 à 21 ans. Ils recevront l'armement et l'habillement complet depuis la tête jusqu'aux pieds c'est-à-dire pour trente mois, un habit, une veste, deux paires de culottes, deux chemises, deux cols, un chapeau, une cocarde, un bonnet de police, une paire de souliers, une paire de bas de fil, tricotés à l'aiguille, un havre-sac, une garniture de boucles pour souliers, jarretières & col, une paire de guêtres, & un ruban pour la queue ». Ils recevront en outre tous les quinze mois une chemise et une paire de culottes gratis.

C'est donc bien à nouveau Fragnière qui était là lorsque Marie Anne est arrivée sous les habits de Charles. Fragnière, encore saoul de la veille, accueille Charles comme on fait d'un moustique lorsqu'il passe si près de nos oreilles qu'il faudrait se gifler pour pouvoir l'arrêter. Charles est arrivé à la dernière minute et le contingent pour l'Espagne n'était pas très nombreux. Avec un mal de crâne aussi carabiné, Fragnière avait tout sauf envie de se coltiner ce jeune freluquet, agité et vibrant, telle une nuée d'étourneaux dans une bourrasque.

Marie Anne mesure quatre pieds, onze pouces et huit lignes, soit trois centimètres de moins que la mesure obligatoire. Mais Charles a fait un tel tapage que Fragnière finalement a cédé. Il a dit non dix fois. Repoussant les élans de Charles et ses volées de mots. Refusant à chaque fois de se laisser convaincre. Mais dix fois, c'est trop. Il a finalement dit oui. Après tout, comme il l'affirme haut et si fort, ce gaillard-là grandira peut-être pendant le trajet qui va jusqu'à la mer. Et puis, un homme de plus ou de moins pour ce voyage ne changera pas grand-chose en matière de dépenses, mais il rapportera beaucoup s'il peut le louer au roi d'Espagne. Et qui plus est, se dit Fragnière au bout du compte, il n'y sera pas, lui, c'est Guillot qui s'y colle ! Fragnière vient d'obtenir un poste d'instituteur dans la ville de Monthey. D'autres petits soldats sans tambour, ni trompette, ni fusil, ni baïonnettes qu'il saura pourtant faire valser et marcher au pas ! De l'argent facilement gagné et qui lui laissera enfin du temps. À ce propos et juste pour l'anecdote, dans ses mémoires, le capitaine général de Monthey, noble Jean Devantéry, n'est pas tendre avec ledit Fragnière, Jean-Pierre de son prénom, à propos duquel il écrit : « *Des instituteurs comme Fragnière et Dufour ne pouvaient apprendre à leurs élèves qu'à être ivrognes ou à peupler de bâtards. J'ai vivement relancé deux villages des Quartiers d'En Bas qui se servaient ces années passées de ces deux originaux pour instruire la jeunesse de leurs villages. Ils auraient beaucoup mieux fait de n'en avoir point, au hasard de ne pas apprendre à lire et à écrire...* » Ce jour-là, la matinée est bien avancée et Fragnière a le gosier sec. Et c'est ainsi qu'il accepte Charles. Au regret de Martin qui écoute son nouvel ami raconter avec des mots exorbitants cette route qui l'emmènera dans quelques heures, d'abord au Bouveret et à Saint-Gingolph, puis en barque sur le lac et enfin, le long du grand fleuve jusqu'à la mer.

Charles a tracé une croix pour signer le papier de son engagement. Il a rejoint Martin, pour laisser rapidement éclater sa joie avant de s'en aller, très vite, retrouver le petit convoi. Martin voulait lui faire l'accolade, lui dire qu'ils allaient se revoir, le serrer contre lui, pour fortifier leur amitié, dire quelques mots au moins d'encouragement. Il a vu Charles se tourner et partir. Son paquetage est un peu plus gros qu'avant, gonflé par l'uniforme, qu'il y a ajouté, preuve de son engagement. D'une main leste et pour les montrer à son ami, il en a sorti une manche de veste bleu-gris, avec une parure blanche et jaune, qu'il a agitée en riant.

Marie Anne, malgré sa joie, a le cœur un peu à l'étroit bien sûr. Mais elle ne laisse pas paraître son trouble. Elle est Charles maintenant. Charles est fort et jovial et il adopte un courage fringant dont il s'est comme revêtu définitivement, en même temps que son uniforme.

Assise sur le bord du char qui l'emmène, Marie Anne revoit son départ de Nicodex. Lorsqu'elle se préparait à quitter son village, l'idée lui est venue, parfois, que sa mère connaissait son envie de partir. Mais elle n'a rien fait pour la retenir. Pas un mot, pas un geste. Depuis, elle est Charles, et elle entrevoit des facilités qu'elle n'avait pas soupçonnées. Sa sœur Charlotte avait donc raison lorsqu'elle disait qu'être un garçon, c'est décidément autre chose.

Marie Anne découvre une liberté à laquelle elle n'avait pas accès, même dans son imagination. Elle perçoit en elle des forces inconnues et elle sait désormais que cette liberté-là, elle se battra pour la garder. Ne pas baisser les yeux, aller où on veut quand on veut, faire rire au lieu d'attirer les reproches. À notre époque, Marie Anne aurait peut-être simplement été une petite fille vive et joyeuse, à qui l'on aurait demandé parfois de se calmer, sans pour autant lui intimer sans cesse d'être autre que ce qu'elle est. En cette fin de XVIIIe, elle mène maintenant une vie de garçon et cela lui convient. Et puis, elle ne saigne toujours pas. Elle a entendu les autres filles raconter ce désagrément, ce sang qui coule sans qu'on n'y puisse rien, qui lui paraît peu attrayant et qui pourtant semblait les rendre fières. Lorsqu'elle en avait parlé à sa mère, celle-ci lui avait répondu que cela lui arriverait peut-être un peu plus tard qu'aux autres. Ou que cela ne lui arriverait pas. Elle avait ajouté aussi que finalement, avoir un mari, ce n'est peut-être pas indispensable. Marie Anne avait bien senti que le regard qu'elle a porté sur elle en disant cela n'était pas très flatteur. Elle savait bien qu'elle n'était pas particulièrement belle, mais l'air navré de sa mère l'avait tout de même attristée. Et puis elle n'avait pas vraiment compris ce qu'un mari venait faire dans cette discussion. Et un mari de toute manière, et malgré ses seize ans, ce n'était pas dans ses priorités. D'autant que c'était bien le mariage et ses conséquences qui avaient tué sa sœur Charlotte ! C'était il y a deux ans, quelques mois après la mort de Philippe. Charlotte était morte en couches et Marie Anne entend encore ses cris, stridents et rauques tout à la fois, qui ont déchiré le hameau. Des cris de souffrance et d'appel à la délivrance qui ont résonné pendant plusieurs heures, avant que le silence n'étreigne la maison. Et tout ce sang sur le lit de Charlotte, pour ça oui, elle avait saigné. Et le bébé mort sans même un soupir, ni une respiration. Elle était belle, sa sœur. Elle avait un mari. Elle allait avoir un bébé. Et elle est morte en quelques heures.

Désormais, Marie Anne est un garçon. Un futur soldat qui plus est. Et elle a pris un air bravache et fanfaron dans lequel elle se plaît et qui la protège. Se faire remarquer pour passer inaperçue, d'instinct, c'est l'attitude qu'elle a choisie. Elle était une jeune fille encombrante, elle est devenue pour ceux qui l'entourent un jeune homme fougueux. Lorsqu'elle est partie de chez elle, elle n'a pas contrôlé son image dans un miroir ou dans le reflet d'une fenêtre. Il n'y avait ni l'une ni l'autre à sa portée. Mais elle a compris très vite, dans le regard des autres, que la bonne humeur un peu brusque qu'on a toujours reprochée à Marie Anne faisait merveille chez Charles. Marie Anne a rêvé de s'échapper et c'est pour cela qu'elle a renoncé à son statut de femme qui l'aurait laissée à la merci de tous. C'est une jeune fille qui a un sens pratique et une force vitale qui soudain la pousse, à laquelle elle ne résiste pas.

Et puis, sa mère est gravement malade. Elle n'en a jamais rien dit mais Marie Anne le sait. Et à sa mort, elle n'aurait pas tardé à devoir prendre le relais au service de son père. Elle a suffisamment vu sa mère se plier jusqu'à l'épuisement aux demandes de cet homme. Elle ne veut pas de cette vie. Elle ne restera pas près de lui. Elle sera soldat. Parce que c'était le destin dont Philippe rêvait. La mort qu'elle risque en s'engageant ? La belle affaire ! Elle n'a pas l'âge d'être arrêtée par la peur de mourir, elle a juste l'instinct de s'échapper pour vivre, au moins un peu, avant. Marie Anne n'a eu accès à aucun apprentissage, elle ne sait ni lire ni écrire, elle a toujours fait toutes les basses besognes, comme on dit, et elle ne s'en serait sans doute pas plainte si elle avait pu envisager le faire pour quelqu'un d'autre que son père lorsque sa mère mourra. Elle n'est pas même haineuse vis-à-vis de lui, ce n'est pas son tempérament. Elle sait seulement qu'elle doit le fuir, et s'engager est la solution qu'elle a trouvée pour cela. Pour son cousin Philippe, elle l'aurait fait avec beaucoup de joie, mais Philippe est mort. Et Philippe, qui plus est, ne le lui aurait jamais demandé. Il lui parlait des ailleurs du monde et lui lisait des histoires de bataille et de grands soleils, de mers agitées et de «pays pleins de langueurs». Elle n'a jamais compris ce mot. Mais Charlotte, lorsqu'elle lui avait demandé de l'expliquer, l'avait répété avec tant de plaisir qu'elle l'a gardé dans un coin de sa tête, dans un coin de son cœur.

Philippe voulait lui apprendre à lire mais il est mort. Sa mère aurait sans doute voulu aussi lui apprendre un peu de ce qu'elle savait, mais elle n'a jamais eu le temps de rien faire d'autre qu'être aux ordres du père. Ce père qui n'a d'ambition que pour son propre confort, que lui offre sa femme, qui est à son service et à sa merci.

Alors Marie Anne utilise cette force vive qu'on lui reproche pour partir. Peut-être ne s'est-elle habillée en garçon que parce que c'était un moyen de s'éloigner du village sans être reconnue d'emblée. Et ça a marché. Et d'un coup, d'un seul, sa vie a été plus simple et plus belle. Avec ces habits, sa vie a changé. Elle y croit tout à coup. Au début, elle n'avait pas vraiment peur qu'on la démystifie, c'était juste une opportunité. La seule qu'elle avait pu imaginer. Mais maintenant c'est une autre affaire. Elle a vu ce qu'on gagnait à être un garçon. Marie Anne n'est pas une experte de l'introspection, ni de la réflexion, elle n'a jamais, jusqu'à son départ, eu l'opportunité de faire autre chose qu'obéir à des ordres et se faire rabrouer. Il n'y a que dans la solitude des bois, par bribes denses et courtes, qu'elle a imaginé parfois ce qui aurait pu être. Aujourd'hui, sa détermination est le gage de sa survie. Marie Anne joue à être un garçon et elle joue d'autant mieux qu'elle est stimulée par sa force vitale. Elle a même surpris des regards amicaux sur son enthousiasme et sa bonne humeur tapageuse qui n'étaient pourtant jusqu'alors considérés que comme des défauts ou des denrées juste bonnes à être exploitées.

Au moment de recommencer sa vie, Marie Anne l'a fait au nom de son cousin Philippe, parce que c'est plus facile de le faire pour quelqu'un. Bientôt et peut-être sans le savoir jamais vraiment, elle le fera pour elle. Aujourd'hui, elle est seulement sur le point de quitter son Chablais natal.

CHAPITRE 11

La précipitation avec laquelle Charles s'est finalement arrimé au chariot de futurs soldats qui partaient pour l'Espagne lui a permis d'échapper à la visite médicale qu'il aurait dû subir. Charles Garain, enfin engagé, Marie Anne va pouvoir souffler un peu. Pour cinq ans, espère-t-elle. Le nombre d'années maximum pour lequel on s'engage alors dans un premier temps. C'est le contrat qu'elle a choisi. Cet engagement va lui permettre de gagner des louis d'argent. Les premiers immédiatement, puis le reste à la fin de chacune de ces cinq années. L'Espagne d'alors en la matière est un peu plus généreuse que la France. Ce n'est sans doute pas la raison première pour laquelle elle s'engage au service du roi d'Espagne. Mais sait-elle qu'en cette fin de XVIIIe siècle, les paies des soldats se sont tellement rétrécies qu'ils sont très souvent obligés de s'endetter auprès de leur capitaine et de rempiler pour payer leurs dettes ? Elle y part parce qu'ils sont moins nombreux à vouloir en prendre le chemin. Ou peut-être un peu par hasard aussi, parce que Fragnière est un ancien d'Espagne et que c'est là-bas qu'il envoie ceux qu'il recrute. L'Espagne, cela lui plaît ! C'est très loin, et cela fait écho, dans son imaginaire, à cette « langueur » qui avait fait rêver sa sœur Charlotte, un mot tellement insolite et extravagant dans le dénuement du pays.

Embarquée sur son char, Marie Anne adresse un dernier signe de la main à Martin et elle refait à l'envers la route qui l'emporte vers son nouveau destin. Ils sont huit sur ce char qui les emmène de Monthey au Bouveret, puis à Saint-Gingolph. De là, ils embarqueront vers Yvoire. Marie Anne se tait. Elle est Charles désormais, et elle ne l'oubliera pas. Mais, avant d'être tout à fait au bout de ses peines, elle doit encore parvenir à quitter le bord du lac, puis le pays. Juste avant de sauter sur les bords plats du char, entre deux balles de peaux qui arrivent du Piémont et repartiront vers Genève, elle a changé ses vêtements et enfilé son uniforme. Ses armes, elle les touchera en Espagne, lorsque son engagement deviendra effectif.

Marie Anne se doute-t-elle qu'en Espagne, elle aura peut-être encore à batailler pour convaincre l'armée du roi de l'engager ? Ici, pour le moment, elle a un peu de répit. Comme tous les autres, elle va dormir avec ses habits, vivre dans cet uniforme qu'elle ne quittera pas de six mois au moins. Ses vêtements qui la cachent et qui la protègent. Assise sur le bord du char, elle sent tout autour du haut de son corps la veste bleu foncé en épaisse toile de laine qui sera sa maison, son refuge. Et le symbole aussi de tous ses projets, de toutes ses missions. De son statut de soldat. Elle porte sur elle et en elle les espoirs de Philippe, ceux de Charlotte morte en couches à vingt ans qui rêvait d'un soleil jaune comme les manchons qu'elle porte aux poignets, qu'elle regarde et admire en souriant. Oui, Marie Anne se tait, parce qu'elle a enfin une courte accalmie, sur ce char qui l'emmène vers sa vie de garçon, vers sa vie de liberté, nouvelle et enivrante.

Je me suis approchée d'elle, je la distingue mieux, mais il reste entre elle et moi des énigmes fondamentales que je ne parviens pas à résoudre. Marie Anne a beaucoup de sensations qu'elle vit sans y penser, sans les analyser, mais elle a peu de mots à elle, malgré son bagout. Lorsqu'elle cherche à convaincre, elle reprend pour elle les mots des autres, ceux de son cousin Philippe notamment. Des mots de guerre et de victoire. Des mots pleins d'aventures et de vitalité. Toutes les descriptions de Charles Garain que l'on trouve dans le document source montrent un jeune homme joyeux et sans état d'âme. Incroyablement positif aussi, encourageant ceux de ses compagnons qui fléchissaient en leur rappelant que le soldat ne doit pas s'effrayer de ce qui est le prix de sa tâche et ajoutant pour finir de les convaincre, avec ce qui me paraît aujourd'hui une forme de générosité pour son ennemi : « Les Anglais font ce qu'ils doivent et nous ferons la même chose lorsque nous pourrons entamer le feu de nos batteries ; maintenant est le moment où le roi a besoin de nous et où nous devons montrer notre valeur et notre attachement ! »

Sait-elle combien ils sont nombreux à ne pas revenir ? Pour cette époque, on parle de plus de 20 % de morts. Et pas toujours des morts glorieuses sur le champ de bataille. Bien plus souvent de maladie. Mais ils sont combien aussi à mourir dans leur coin de pays sans jamais avoir vu poindre le bout d'un rêve ?

Elle, elle a un projet, une mission, peut-être, qu'elle va accomplir, et le temps, long ou court, qu'il lui reste à vivre n'a que peu d'intérêt. Elle ne boit ni ne joue, n'est jamais amoureuse. S'efforce-t-elle de mettre un petit pécule de côté ? Pense-t-elle à ce qu'elle s'offrira avec cet argent des batailles ? Se projette-t-elle parfois dans un retour glorieux dont elle pourra se vanter ? Soudain, sur le char qui l'emmène, elle s'inquiète ; un tel retour pour elle sera-t-il réellement possible ? Que dira-t-elle de ses années d'absence ? Et qui voudra la croire même si elle dit la vérité ?

Voilà que je fais de mon questionnement le réceptacle de toutes mes projections… Je vais retourner à la fiction. Reprendre avec Marie Anne le voyage qui la mène vers sa nouvelle vie.

CHAPITRE 12

Les voilà parvenus à la porte du Scex, de *saxum*, le roc, une trouée étroite, qui doit son nom à cette pierre en suspens qui surplombe le chemin et dont les premiers Vouvryens reconnurent la force dès lors qu'ils se mirent à défricher le coteau et les broussailles de la plaine. Un passage obligé pour tous ceux qui veulent rejoindre les rives du lac « entre le roc et les marais où divaguait le fleuve », comme le définit joliment un article sur les châteaux suisses. Depuis 1743, sur ce grand rocher qui fait face au château, un signal a été créé, équipé d'un poste de garde, auquel Vouvry est tenue de fournir le bois de chauffage. Ils viennent de passer sous la petite porte qui relie le roc au château. Une porte qui ferme toute autre possibilité d'atteindre le Bouveret, sauf à descendre le long du Rhône, ce qu'aucun garde au demeurant ne pourrait ignorer, vu la proximité du fleuve. Une petite porte comme un symbole de cette liberté si étroite par laquelle Marie Anne se faufile pour faire vivre ses rêves.

Combien de fois Marie Anne a-t-elle risqué de se faire démasquer ? Combien de fois l'a-t-elle craint ? Que s'est-elle dit alors ? Est-elle en plein déni ? Ou simplement pas de nature à craindre le pire ? Ou au contraire encore convaincue que le pire, elle l'a laissé derrière elle, et qu'elle n'y retournera pas ?

Bientôt se dessinent devant eux les bords du lac avec le Bouveret, à son extrême sud-est. Village dont j'apprends en passant qu'il s'appelait Heydiez et qu'on l'aurait ensuite renommé Bouveret peut-être parce que c'était plus simple, puisque c'est là que les grandes barques venues de Genève parvenaient : *au bout où l'on virait.* Ils sont passés sans s'arrêter et très vite ils sont parvenus aux abords de ce Saint-Gingolph dont Charles dit qu'il vient, et vers lequel il tourne des yeux grands ouverts comme s'il voulait voir par-delà les hautes roches qui cachent encore à la vue de tous la petite crique et ses maisons, et le panache de fumée du château.

À Saint-Gingolph, lors de cette courte halte, Marie Anne a fait preuve d'une grande discrétion. Elle a quitté la petite troupe une heure exactement pour aller, c'est ce qu'elle a prétendu, dire au revoir à quelques amis. Personne ne l'a suivie. Personne n'a aucune raison de la soupçonner. De quoi que ce soit. Le régime des capitulations protège la Suisse. C'est un gage de paix. Une monnaie d'échange contre les invasions. Bien que l'engagement soit obligatoirement volontaire, ceux qui partent sont souvent forcés de le faire. Pour des raisons économiques, le plus souvent, qui touchent un grand nombre d'hommes suisses dans la force de l'âge. De ceux qui partent, un sur cinq ne reviendra pas. Que fuit-elle? Je lis avec avidité un nombre considérable de documents de toutes sortes. De nombreux articles trouvés à la va-vite et truffés de renseignements, parfois épatants et rapidement lus me donnent toutes sortes de clés qui vont de la description des vêtements du XVIIIe, à celle de la ville de Monthey ou de Saint-Gingolph, des courbes anciennes du Rhône, au fonctionnement des diètes, en passant par le prix des grandes meules de fromage, ou les soupes de fèves, de patates et d'épinards sauvages qui sont leur ordinaire. Cinq ou six livres aussi, sérieux ou romancés, dont j'imagine dans un premier temps que je ne lirai que quelques chapitres et que j'ingurgite en entier, avide que je suis d'adopter ce décor dans lequel elle vit. Et ce manuscrit de 1779 que l'on a sorti pour moi si aimablement des grands rayonnages coulissants aux archives de Sion.

Elle avait quinze ans lorsqu'il a été écrit. Et il décrit en septante-neuf articles le règlement d'une capitulation. Avec ses grandes capitales élégantes au début de chaque article, cette orthographe pas encore fixée dont j'examine les particularités avec de petites allégresses tant elles me renvoient à son temps, cette liste des soldes que toucheront les hommes recrutés, à leurs différents postes: 646 pour les capitaines, 240 aux sous-lieutenants, 75 pour un tambour et 65 aux soldats, les plus bas sur la liste.

Je ne sais pas s'il s'agit de deniers, d'écus, de livres ou de louis d'or ou d'argent, ni à combien cela correspond aujourd'hui, je suis pourtant ravie d'avoir des chiffres, du concret, de la vérité! Pendant la lecture de ces trente pages, j'ai presque l'impression que je touche Marie Anne du doigt. Je sais combien elle va gagner, je sais comment elle sera habillée. J'ai presque l'impression qu'elle tourne les yeux vers moi !

Et je ne sais toujours pas comment elle pense. Dis-moi la Gingolaise, comment veux-tu que je te décrive depuis ce XXIe siècle où je te cherche ?

Je me souviens de cette bague qui appartenait à ma mère et que j'avais enfilée à sa mort pour ne plus la quitter pendant près d'une année. Une petite bague carrée en or, avec un diamant en son centre. Trop étroite pour mon annulaire, je l'avais passée à mon petit doigt. J'avais décidé qu'à travers la transparence de la pierre précieuse, ma mère verrait encore le monde et pourrait nous voir, nous. Comme un prisme ou une caméra qui ferait pont d'un monde à l'autre. À voix haute parfois même je disais : « Maman, regarde les enfants de tes petits-enfants, tu rêvais de les voir grandir ! » Je tournais alors ma main en direction de ce que je voulais lui montrer. J'y croyais exactement autant que je n'y croyais pas. Et puis, un jour, la bague n'était plus là. Je ne l'ai pas perdue, elle a tout bonnement disparu. Je l'ai cherchée partout. Pendant des jours. Des semaines. Lorsque nous avons déménagé, quelques années plus tard, j'ai pensé qu'alors je la trouverais. Mais la bague n'est pas réapparue. Et je n'ai jamais pu me défaire tout à fait du sentiment que c'est elle, ma petite mère bien-aimée, qui avait dit stop ! Elle en avait eu assez. « Laisse-moi partir maintenant, il est temps. » Il n'empêche, pendant ces premiers mois de deuil, ce lien me l'a rendu moins lourd.

Je n'ai pas de bague pour montrer à Charles comment est la vie aujourd'hui. Elle n'en a pas pour me montrer son temps.

À Saint-Gingolph, elle est montée jusqu'à la croix de Fenalet pour regarder les barques ailées de leurs grandes voiles blanches. Hirondelles de Noël, qui annoncent son printemps de fuite vers le sud. Puis elle est allée se lover quelques instants dans les bosquets touffus qui viennent s'adosser presque jusqu'au château. Un endroit refuge qu'elle connaît pour s'y être tapie il y a peu, avant de rejoindre Monthey. Elle avait eu si froid. Elle avait pleuré comme une petite fille. Cette petite fille qu'elle aurait dû pouvoir être encore quelques fois. À seize ans. Elle a pleuré encore la mort de son cousin. Elle a pleuré la mort de sa sœur Charlotte. Elle a pleuré son corps un peu trapu et son visage banal. Elle a imaginé, comme une fulgurance brève d'enfant, que ses larmes gèleraient, et qu'ensuite, au printemps, elles feraient naître une fleur, ou une jeune pousse de trèfle. Elle a pensé qu'elle était seule au monde. Que c'était un bienfait et un malheur terrible. Elle s'est dit ensuite que penser n'était pas bon pour elle et qu'elle allait agir, puisque c'est ce qu'elle fait de mieux. Lorsqu'elle est revenue sur le port, au moment d'embarquer, elle a été saisie, une fois encore, de voir qu'on l'accueillait en homme et que c'était simple.

J'ai été ce qu'on appelait alors sans état d'âme un garçon manqué. Est-ce peut-être une des raisons de mon intérêt pour ma femme soldat? Même s'il est vrai que dans cette expression, le participe «manqué» n'est a priori pas très positif, j'ai toujours eu, enfant, le sentiment qu'on me le disait comme un compliment. Bien sûr, plutôt que mes cheveux marron coupés court et mes jambes droites et fermes de sportive, j'aurais parfois aimé être une princesse aux cheveux blonds et doux. Parfois. Le reste du temps, sur le dos d'un cheval ou grimpée sur les plus hautes branches des arbres du jardin, j'ai aimé cette énergie «garçonne» de mon enfance heureuse. Oui, j'aimais être en short plutôt qu'en jupe à fleurs, mon doudou était un poulain noir et non une jolie poupée qui disait maman. Mais pour autant, je ne me suis jamais sentie un garçon. Je me suis toujours sentie une petite fille forte et vive, confite qui plus est de mots à dire ou à garder pour soi. Et cette même hardiesse bienheureuse gonfle encore mon cœur et ma tête lorsque je cours dans la nature, jusqu'en haut des sommets charnus des Préalpes. Cette vitalité est restée la même. Je la reconnais toute. Ce n'est pas une force d'homme, c'est ma force de femme. Que j'ai pu vivre, ici et maintenant, sans avoir à la travestir.

Marie Anne laisse à nouveau la place à Charles en montant sur la barque. Elle s'est installée contre les flancs en bois de son ventre dodu. Maintenant elle se tait. Elle attend le départ. C'est en ce moment même la seule chose qui l'occupe. Ne pas être arrêtée au tout dernier instant. Depuis l'endroit où elle est assise, les grandes voiles blanches ne sont plus des ailes, mais tout un ciel laiteux dans lequel elle se perd.

CHAPITRE 13

De son voyage jusqu'en Espagne, nous ne savons officiellement rien. Mais quelques incidents sont faciles à imaginer. Une fille ou l'autre lui a fait les yeux doux. La première fois, elle a été tellement surprise qu'elle en est restée muette. Elle est le plus jeune soldat de la troupe, les autres se sont moqués d'elle, mais sans grande méchanceté. Sans beaucoup d'insistance non plus. Elle les a regardés faire, a adopté leurs gestes, leurs paroles de refus. Elle a fait par la suite semblant de s'isoler pour «pratiquer la chose». Revenant d'une absence avec un air comblé et des clins d'œil complices qui lui ont permis d'être quitte de plus de commentaires.

Très vite aussi, elle s'est sentie attirée par cet homme qui n'est proche de personne. Elle est d'abord restée à une certaine distance, mais elle sait qu'avec lui, elle ne risque rien. Il n'est pas comme les autres soldats du groupe. Il se prénomme Pierre. Il est de bonne famille. Il a de l'argent, de beaux vêtements, une carrière militaire écrite avant même qu'elle ne commence. Il les a rejoints dans un lieu qu'elle ne sait plus nommer, à une trentaine de kilomètres en aval de Genève. Lorsque la barque a quitté la rive, il s'est littéralement blotti dans les cordages et il a pleuré sans bouger en faisant peu de bruit mais avec une force qu'elle n'avait jamais rencontrée dans des sanglots d'homme. Elle n'a rien fait bien sûr, mais elle a senti au fond d'elle quelque chose en écho.

Ils sont sur le grand fleuve qui va jusqu'à la mer. Elle a regardé le paysage qui défilait. Elle a admiré à voix haute le travail des hommes et des bêtes sur la descente du fleuve: les radeaux qui se faufilaient entre les nombreuses barques à fonds plats, le flottage des grands troncs et des bois de charpente, le travail de halage aussi, chevaux, bœufs ou êtres humains unis dans l'effort à fournir pour remonter ce courant si simple à descendre.

Avant cela, ils avaient marché pendant de nombreuses heures parce que le Rhône jusqu'ici était trop plein d'embûches, de gorges, de fluctuations pour être navigable et sa petite taille l'obligeait à faire des efforts pour suivre les autres. Ses pieds sont si petits. C'est devenu pour elle une obsession. C'est eux qui allaient la trahir ! Comment pouvaient-ils croire qu'elle était un garçon avec des pieds pareils ? Elle se souvient de ceux de Philippe, elle était enfant et lui avait presque quatorze ans et ses pieds étaient déjà deux ou trois fois plus grands que les siens aujourd'hui ! Bien sûr, elle a triché lorsqu'ils lui ont donné ses vêtements de soldat. Elle a triché sur tout et sur la taille de ses pieds aussi. Dans ses chaussures trop grandes, elle souffre en marchant, en dépit de l'herbe ou de la paille qu'elle y glisse. Un soir, juste avant de dormir, elle a voulu faire comme les autres, enlever ses chaussures pour détendre ses orteils de la longue marche du jour. Attraper ses bas de laine blancs pour masser ses orteils, les faire bouger l'un après l'autre. Un camarade les a vus, ses pieds, et les a remarqués, et il a voulu les faire voir à tout le monde. Elle a eu juste le temps et le réflexe de lui dire de se taire et de lui donner une bourrade en riant très fort. L'incident est passé, c'est lui qu'on a moqué, qui regardait des pieds, comme si cela comptait ! Mais le soir sur sa couche, Marie Anne a tremblé et depuis, leur taille l'obsède et elle ne les montrera plus.

Maintenant, ils descendent le cours du Rhône. Elle est tellement prise par ses rêves futurs qu'étrangement, le présent lui appartient. Chaque jour on la voit à l'avant de la barque. Elle enroule et déroule et enroule à nouveau les cordages si lourds. Elle mime un combat à l'épée contre le vent du large qui n'est pourtant rien d'autre qu'un reste de bise qui s'étire le long du Rhône avant de se transformer bientôt en mistral, comme on l'appellera plus au sud. Elle salue et elle répète sans fin, courbettes d'avant combat, attaques à grands cris. On lui demande de bien vouloir se taire, elle ouvre grand la bouche pour des cris silencieux. Elle entraîne son corps à d'innombrables exercices qu'elle invente. Elle renverse la tête avec de grands rires pour boire son verre à très petites gorgées. Elle rit, elle parle et elle s'effondre. Et ce détail ridicule, toujours le même, qui me revient comme une rengaine : ne pas pisser debout, bon Dieu, comment fait-elle ? Peut-être s'agite-t-elle tant qu'ils ne remarquent rien.

Hier, ils se sont arrêtés à la hauteur du village de Murs-et-Gélignieux. Ils sont face à cette bande de terre qu'au siècle suivant, on appellera l'île de l'Espérance, dans ce lieu où le Rhône fait un coude large et divisé avant de remonter vers le nord pour aller jusqu'à Lyon. Ils accostent dans ces bras d'eau, dans ce paysage qui fait aujourd'hui encore du Rhône un grand fleuve hors du temps. Ils ont laissé la large barque pour couper à pied sur Lyon, retrouvant le fleuve en aval de la ville, là où il accueille la Saône, se gorge d'elle pour continuer son chemin sur Valence, et après cette ville, sur ce premier Sud dont elle est la frontière. À l'approche de Lyon, Marie Anne a couru autour d'eux tous en poussant à nouveau de grands cris et de forts rugissements. Lorsqu'elle s'agite ainsi parfois ils rient, et parfois ils s'agacent. Mais leur réaction ne change pas son comportement qui n'appartient encore qu'à ses pulsions, ne semble jamais répondre à la demande des autres.

Marie Anne est extravertie, mais aussi solitaire. Extravertie parce que c'est sa nature, dirait-on. Et comme Charles a le droit d'être exubérant, Marie Anne en profite, à outrance parfois, parlant fort et bougeant beaucoup. Et toujours buvant infiniment peu pour ne pas risquer de se trahir. Quand on la voit tomber, c'est d'excès de mouvement et de fatigue aussi. Mais les autres confondent et prennent sa fatigue pour de l'ivresse. Une ivresse sans vin, c'est ce qu'ils ne savent pas. Elle a aussi appris à parler comme eux, sans filtrer les grossièretés. Elle ne comprend pas toujours leur sens, et pourtant elle en use, à propos ou à contresens, mais avec un tel enthousiasme que tous s'en amusent. Grande impudeur des mots pour cacher les pudeurs du corps. Volontairement ou pas, d'instinct, elle semble savoir comment ne pas se trahir. Elle a de longs moments de solitude aussi. Dans lesquels elle croise Pierre. De plus en plus souvent. Il s'est engagé comme on se jetterait du haut d'une falaise en espérant avoir des ailes. Maintenant, il est convaincu qu'il s'est trompé, qu'il n'a pas fait le bon choix. Il voudrait rentrer chez lui et devenir prêtre. Il l'a clamé à sa famille mais son père ne veut pas. « Tu as choisi d'être soldat et c'est donc ce que tu seras. » Pierre passe de longues heures à écrire aux siens. À sa mère surtout. Pour dire combien il l'aime et combien il se sent coupable de ne pas être le fils qu'ils voudraient avoir. Parfois, avant de faire partir ses lettres, il en lit des extraits à voix haute pour Charles, qui ne comprend rien à cet homme. De quelques années son aîné, Pierre a des tourments intérieurs, qu'il nomme parfois avec un ton plaintif, comme on réciterait un poème. Son mal du pays et des siens le hantent. Il pleure en répétant leurs noms. Il est par ailleurs d'une rigueur de soldat qui fait taire tout le monde. En sa qualité de noble personne, il aurait droit à une monture chaque fois qu'ils descendent de la barque. Mais il a décidé qu'il se traiterait lui-même comme le sont les plus pauvres d'entre eux. Il marche en portant son paquetage. Il ne mange presque rien. Marie Anne n'a jamais vu un homme comme lui. Elle se pose près de lui comme fait un jeune chien aux flancs de son maître. Lui, de son côté, laisse approcher Charles au présent joyeux. Et moi, je me réjouis de ce témoin nouveau qui m'emmènera peut-être plus avant dans la vie quotidienne du petit Charles.

CHAPITRE 14

Marie Anne et les autres capitulés sont en route pour Barcelone. Je n'ai trouvé aucune indication précise du chemin qu'ils suivent. Je vais devoir choisir leur route. Depuis Monthey, j'aurais pu leur faire traverser les Alpes pour aller jusqu'à Gênes. La route pour l'Espagne passe aussi par cette ville de Ligurie, j'en ai lu de nombreux témoignages. Par-dessus les grands cols, sur la route du Piémont, empruntée par de nombreux convois de mercenaires suisses. Ouverte quelques siècles plus tôt par les catholiques pour rejoindre les Pays-Bas, c'est une route qui va de la Méditerranée à la mer du Nord. Une route que les cantons suisses avaient laissée ouverte en échange de protection ou du moins de non-agression (un si petit pays au cœur de tous ces royaumes qui fermerait ses portes aurait eu fort peu de chances d'être contourné...). Je choisis un autre chemin. Saint-Gingolph m'a mise sur sa voie, je vais la faire partir par le lac. Pour qu'elle parte en bateau. Je ne sais toujours pas ce qu'elle veut, mais moi, j'ai envie qu'elle jette un dernier regard au Grammont tout entier dans sa majesté et comme un écran opaque au monde qu'il cache derrière lui. J'ai besoin de l'horizon qu'offre le lac, de cette vue élargie qui est pour moi la plus belle qui soit sur ce pays quand on le quitte.

Mes recherches étaient restées vaines. Historiens, archivistes, passionnés et très aimablement attentifs à ma demande, nul ne pouvait me dire par quel chemin Charles Guérin avait rejoint la Catalogne. Dans ce domaine, la documentation était inexistante entre 1780 et 1792, date à laquelle elle reprenait, avec la présence de Napoléon aux portes du Valais. Ces dix années qui manquent dans les documents que j'ai consultés sont exactement celles que je cherche.

Et voilà qu'en cours de recherches, désireuse autant que je peux d'être au plus près possible de la réalité d'alors, je tombe sur des récits de voyageurs et de soldats qui, au contraire de Charles, savaient lire et écrire et qui ont, eux, laissé des traces. Ainsi ces mémoires de Louis Robatel (1788-1877) dans lesquels je rencontre Pierre d'Odet. Ce jeune homme, c'est l'étrange compagnon qui vient d'apparaître aux côtés de Marie Anne, ce Valaisan aisé qui s'est engagé sans trop savoir où il mettait les pieds et refuse le confort de sa classe pour vivre comme les plus démunis.

Je lis les nombreuses lettres que Pierre adresse à sa famille restée à Sion. Je décide que pour quelque temps, dans cette descente vers l'Espagne, son récit servira de guide au mien. Il va faire un bout de chemin avec Marie Anne. Pour me permettre de la retrouver.

Marie Anne et lui n'ont pas d'amitié l'un pour l'autre. Pas d'amitié exprimée. Ils n'en sont capables ni l'une ni l'autre. Lui enfermé dans son terrible mal-être, elle joyeusement emprisonnée dans cette sorte de procuration qu'elle s'offre, et qui se projette dans un futur qui appartenait à un autre. Elle qui parcourt cette traversée tambour battant et forte en joie comme on dit forte en gueule. Elle va chercher quelques moments de silence près de lui. Leur avenir à long terme n'est inscrit nulle part. Pierre ne saura pas être suffisamment heureux pour entreprendre un long chemin de vie et Marie Anne a pris les habits et les rêves d'un jeune mort et elle ne pourra sans doute pas se projeter au-delà de ce qu'il avait imaginé.

Lorsqu'ils marchent devant, tous les deux, Pierre d'Odet grand et maigre, elle si petite, ils ne se disent rien. De temps en temps, Marie Anne désigne une montagne au loin ou quelque paysage, mime une bataille, un corps-à-corps qui le fait frémir. Parfois, depuis quelques jours, il esquisse un sourire, un sourire que souvent elle ne voit pas.

Pierre a vingt et un ans. Il s'est engagé par défaut. Depuis plusieurs années, il va mal. Il ne sait que faire de lui. Les autres non plus ne savent que faire de ce garçon étrange. Il n'est à sa place nulle part dans cette famille de stricte obédience catholique. Son père a été mercenaire au service de la France. Sa mère règne avec autorité sur sa maisonnée. Des parents moralement exigeants et culpabilisants envers leur progéniture. Pierre est élevé dans la crainte de Dieu, le culte du travail et une déférence totale aux plus vieux et aux traditions. Bon élève au collège de Sion, il y excellait notamment en histoire, en religion, en géographie et en poésie. On y signale que s'il n'avait pas été malade, il eût sans doute été premier de sa promotion. Dans les lettres qu'il adresse à son frère aîné (Pierre est le cadet de quatre fils), il témoigne d'un respect excessif, d'un état d'infériorité et de dépendance qui le désole. « Mon très cher frère et mon espérance, je viens me jeter sous tes ailes protectrices afin que tu me défendes contre les loups et m'enseignes, par tes conseils, tes instructions, ton secours et ton zèle envers moi, à les fuir et à chercher les bons pâturages. » À l'époque, on l'engage à se décider. On le traite sans grand ménagement. Aujourd'hui, Pierre serait assurément suivi par un psychiatre qui lui expliquerait, ainsi qu'à sa famille, qu'il souffre d'une mauvaise image de soi. Laquelle a entraîné un état dépressif chronique. À l'époque, on le pousse dans ses derniers retranchements. Et lorsqu'enfin, il se décide comme on plonge dans la lave d'un volcan ou l'eau glacée d'un fleuve, il n'aura plus, malgré ses pleurs et ses cris de repentance et de regrets, aucune possibilité de revenir en arrière. Aucune chance de changer d'avis. Lorsqu'il notifiera à sa famille à grands cris et renforts de sanglots une vocation tardive pour la religion, rien n'y fera. Ni son père ni sa mère ne céderont à ses « caprices » et il devra rester soldat. Et voyager jusqu'en Espagne pour aller combattre.

Pierre n'est donc pas comme Martin un personnage que j'invente. Il a bel et bien existé et sa correspondance aussi, à laquelle je me réfère. Marie Anne et lui n'ont pourtant pas pu se rencontrer. Leur rencontre a lieu dans la fiction. Historiquement, en effet, Pierre est parti à la guerre quelques années après la mort de Charles Guérin. Je la retrouve pourtant à ses côtés. Près de lui, elle surgit aisément dans bon nombre de situations concrètes. Je sais quelles sont les étapes du voyage de Pierre. Je vais donc les suivre tous deux le long du Rhône jusqu'à Valence, puis de là jusqu'en Avignon, avant que leurs chemins ne se séparent.

Charles regarde cet ami plus âgé que lui, qui parle une fois de plus en sanglotant, assis comme toujours sur le sol du bateau pour laisser les meilleures places aux autres, même lorsqu'ils sont absents – « si par hasard ils arrivaient, pour qu'ils ne soient pas mal à l'aise ! » – Pierre ne veut plus être soldat. Il le répète à Charles en versant des rivières de larmes bruyantes. Il pleure ce choix qu'il a fait et le regrette avec amertume et beaucoup de crainte. Il restera pourtant – des lettres en attestent – exemplaire jusqu'au bout. Et face à lui, Charles qui a choisi, qui a pris des risques pour cela, et qui, jusqu'à la dernière minute, affirmera sa fierté d'être soldat, courageux plus qu'eux tous, exemplaire lui aussi jusqu'à son dernier souffle. Pierre et Charles, deux êtres et leurs vies respectives, à la fois complètement inscrites dans cette fin de XVIIIe siècle, et à la fois aussi, chacun à sa façon, hors de leur temps par leur singularité.

Dans cette longue descente du fleuve jusqu'en Avignon, Pierre et Charles sur une grande barque. Détachés des autres par leur étrangeté. Charles et Pierre au gré du flux. L'un tourné vers l'Espagne, avec la fuite du passé pour avenir. L'autre tourné vers lui-même tout en examen de conscience coupable. L'un étranger à toute forme d'introspection, propulsé par les rêves d'un autre. Pierre se fustigeant, geignant, pleurant à outrance, Charles enjoué, excessivement. Deux êtres isolés, à ou en eux-mêmes, et au cœur du groupe. Deux fuites extrêmes. Deux dérives, peut-être, plutôt. Épopées minuscules et sans vanité.

Toujours de Pierre, on loue la rigueur, le dévouement et l'humilité. De Charles, on chante en riant la ferveur et l'humeur joyeuse. Deux manières différentes de porter un masque.

CHAPITRE 15

Ils sont parvenus à Valence, cette ville du sud-est de la France que l'on désigne souvent comme « la porte du Midi ». Ils sont à quai et attendent leur barque qui les emmènera jusqu'en Avignon. Pierre a parlé de l'Espagne, de ses oncles qui y vivent. L'un à Barcelone et l'autre à Madrid. Des villes dont Marie Anne n'avait jamais entendu parler avant de partir. Ils sont huit à s'être engagés. Sous la direction de Guillot qui en est déjà à son troisième voyage jusqu'en Espagne. Il en parle peu. Il sait qu'à chaque voyage, il y a le risque de perdre un homme ou deux. À cause du climat, surtout, et des maladies qui se déclarent en chemin.

Pour Charles, il y a le groupe d'un côté et Pierre et lui de l'autre. C'est ainsi pour lui et c'est ainsi pour Pierre. C'est peut-être ce qui les rassemble. Ça et leur goût immodéré du devoir, sévère dans le cas de Pierre et rayonnant pour Charles. Marie Anne pourtant voudrait appartenir au groupe. Un peu. Trop ce n'est pas possible. Ce serait dangereux. Et puis, elle n'a jamais vraiment su être proche de plus d'un être humain à la fois. Pierre se pose aussi la question de son rapport aux autres. On lui a si souvent et depuis si longtemps reproché d'être asocial. On l'a encouragé à changer, à aller vers les autres, à s'ouvrir ! On l'a chargé de mots, pour nommer ses manquements. À Marie Anne, on n'a pas dit ce qu'elle est ou ce qu'elle n'est pas. On l'a houspillée, grondée, rejetée. Les mots chez Pierre ont provoqué de la culpabilité : tu devrais, tu pourrais. Ceux que personne n'a dit à Marie Anne ont glissé dans son cœur une tristesse que seule sa bonne nature a su recouvrir du besoin d'être un autre. Que serait-elle devenue si son cousin Philippe avait vécu ? Il se serait marié. Elle se serait peut-être mise à leur service. Elle aurait élevé leurs enfants. Vivre pas loin de lui et lui être utile lui aurait peut-être suffi. Elle l'aurait écouté, à ses moments perdus, lui faire croire encore à ses rêves que le quotidien aurait pourtant définitivement engloutis. Elle n'aurait pas fait de commentaire, n'aurait jamais dit « mais tu es heureux ici, que veux-tu de plus ? ». Elle l'aurait écouté et son attention silencieuse et approbatrice leur aurait donné à tous deux quelques moments bénis.

Marie Anne s'active, bouge, se démène. Puis à la fin, elle tombe de fatigue. Souvent aux pieds de Pierre. Souvent lorsqu'il écrit.

Il y a une semaine, le voyant appliqué à sa correspondance, elle lui a demandé s'il voulait bien tracer quelques lignes en son nom. Quelques mots pour dire à Martin, son ami de Monthey, comment est sa vie et où elle se rend. Elle pense à lui parfois. Elle se remémore la boutique pleine d'odeurs venues de partout. Est-ce qu'il lui manque ? Elle pense à lui, c'est tout. L'absence de Martin, ce n'est pas comme la mort de Philippe ou de Charlotte. Elle n'empêche pas de penser à l'autre au futur. La mort n'est peut-être pas la fin de tout, mais elle coupe de ce monde. Et Marie Anne ne sait pas trop que penser du suivant, celui de l'au-delà. Autour d'elle à l'époque tout le monde est croyant. Et elle aussi, je crois. Qui suis-je pour en décider ?

CHAPITRE 16

Il y a tant d'éléments qui manquent à mes recherches.

Charles Garain a existé. Que ceux du XXe siècle ont appelé Guérin, à tort ou à raison. Et cette vie qui fut réelle réfrène mon imagination. Pour eux tous, elle est Charles, un très jeune homme aux joues roses dont ils raillent parfois l'enthousiasme et qu'ils affublent de nombre de surnoms : le moustique, la girouette, graine au vent, le puceron, la sauterelle. Elle prend tout sans broncher.

Charles Garain a existé, je ne peux pas l'inventer entièrement. Je n'arrive toujours pas à savoir qui est Marie Anne. Je lui sais des zones d'ombre, chaque être humain en a. Mais elle met tant de force joyeuse à les cacher... je ne la vois qu'active et sautillante. Souvent elle me fatigue. Je n'ai pas peur de la trahir. Personne, si je le fais, n'en souffrira. Il n'empêche, le fait qu'elle ne soit pas qu'un personnage me contraint. Malgré moi.

Elle m'attriste aussi parfois. J'ai envie de la protéger. De changer son destin. Pauvre Charles, morte à dix-sept ans ! Un an jour pour jour après son engagement. Après un long voyage, et tant de lenteurs en chemin, deux mois et demi seulement de ces combats qu'elle a tant attendus. Qui sont ses compagnons ? Quel fut réellement son trajet jusqu'aux Baléares ? Elle m'échappe encore. Et à nouveau, me voilà assiégée par les doutes venus de toutes parts.

Je ne comprends pas Charles, je ne sais de Marie Anne que ce que je fais d'elle et je ne peux pourtant pas me résoudre à la modeler uniquement selon mes vœux. Je suis dans une impasse. Un cul-de-sac romanesque ! Pourtant, je ne parviens pas à me détourner d'elle. Je ne suis plus qu'à une centaine de kilomètres de Barcelone.

Et au moment où l'envie de la laisser là, de l'abandonner tout à fait est presque accomplie, voilà son enfance qui surgit dans le récit. La fiction se révèle une fois de plus nécessaire, m'attirant à sa suite dans ce hameau haut-savoyard du Nicodex, près du Biot.

CHAPITRE 17

Marie Anne est ce qu'on appelle – ou est-ce encore une expression qu'on aurait bannie dans mon dos sans même m'en avertir ? – une « petite dernière ». La cadette d'une famille sans garçon. Ses trois sœurs, de sept à douze ans ses aînées, ont chacune à leur tour et pour peu de temps, joué à la poupée avec cette petite fille toute neuve arrivée après coup. Mais très vite, chacune à leur tour, elles ont eu leur adolescence à mener. Son père est vieux et fainéant. Sa mère est une femme honnête et travailleuse, peu prodigue de tendresse. A-t-elle vraiment le choix? Elle aurait pu être aimante si on lui en avait laissé le temps. Marie Anne est une enfant qui voudrait beaucoup d'amour. Ses sœurs ont vite compris comment s'adapter aux conditions de vie dans lesquelles elles sont nées. Elle, elle n'y parvient pas. Elle n'a jamais pu tout à fait se contenter de ce que la vie du seul hameau avait à lui offrir. Elle a toujours eu besoin de s'enfuir dans la forêt, elle a besoin de bouger, elle a besoin de dire aussi, parfois au fur et à mesure, ce qu'elle vit. Alors, elle s'évade dans les bois pentus qui s'étalent au-dessus des quelques maisons du hameau, comme une écharpe sombre. Elle parle aux renards qui viennent de se cacher à son approche. Elle parle aux écureuils qui courent en haut des troncs rêches des grands sapins. Elle parle aux abeilles posées sur les fleurs jaunes et violettes du printemps. Et lorsqu'elle ne sent la présence d'aucune bête près d'elle, elle parle aux arbres, à l'herbe, au ciel, à tout ce qui l'entoure. Lorsqu'elle rentre chez elle, elle cherche à raconter. On la fait taire. Pas le temps d'écouter. Pas le temps d'essayer de comprendre cette enfant au présent volubile. On la fait taire, mais on la laisse faire. On la laisse partir où elle veut dans les grands bois qui entourent la clairière où vit le hameau. Et puis, elle ramène des baies, des champignons, des chénopodes, ces épinards sauvages que sa mère cuisine pour eux tous. Elle cueille quelques fleurs des prés, aussi, parce qu'elle les trouve jolies, frêle bouquet que sa mère laisse faner sur le coin d'une table.

Monter, elle a toujours le droit. Descendre, c'est interdit. Dans le fond du val, la Dranse de Morzine part vers les Gorges du Pont du Diable. Marie Anne obéit. A-t-elle peur du diable? ou de la voix aigre de son père lorsqu'il la menace? ou encore, de celle remplie d'inquiétude de sa mère? Cette inquiétude comme un signe que sa mère tient à elle, Marie Anne la serre dans son cœur comme un cadeau précieux que lui offrent les gorges. Sur ce point en tout cas, Marie Anne obéit. Elle s'est forgé des gorges une vision enfantine qui ne se dément pas. Des cascades de roches comme des bouches ouvertes laissant voir leur gosier pour d'âpres appels rauques et tonitruants. Des mâchoires prêtes à la happer puis à l'engloutir dans les eaux tumultueuses de la Dranse. La solitude de Marie Anne est remplie de voix. Des voix amies ou pas. Elle a dû se taire au milieu des siens. Elle a parlé quand elle était seule. Personne ne voulait de ses mots. Elle a bien tenté d'écouter. Mais il n'y avait que de la colère, de la frustration ou du silence forcé dans ces voix d'adulte autour d'elle. Jusqu'à l'arrivée de Philippe, ce cousin venu vivre au hameau chez leur grand-mère commune lorsque ses deux parents sont morts. Comment a-t-il pu faire pour s'habituer au village? Il venait de la ville. Il avait presque quatre ans de plus qu'elle. Il était si beau dans les yeux de Marie Anne. Et tout ce qu'il racontait était aussi beau que lui. Il lui a transmis tous ses rêves. Elle a écouté comme on dévore lorsqu'on est presque mort de faim.

Elle est soldat pour lui, soit. Pourquoi, jusqu'à sa mort, a-t-elle refusé d'être découverte? N'a-t-elle pas compris qu'elle allait mourir? Qu'a-t-elle craint? Comment a-t-elle fait pour… Et ces flots de questions qui m'inondent à nouveau.

Elle n'est pas la seule femme soldat. On en dénombre quarante-quatre, répertoriées pour les seuls XVIIe et XVIIIe siècles. Pour la plupart, elles étaient nobles et prenaient les armes en l'absence de leur époux, pour défendre leurs terres. Défendre, un verbe clé de la répartition hommes-femmes; les femmes soldats ont le droit de défendre, mais pas d'attaquer. De se battre sur leurs terres, mais pas au-dehors. Dedans, dehors, défendre, attaquer. Les mêmes limites, toujours, à respecter. Quand elles ne sont pas de noble extraction, elles sont des femmes ou des sœurs de soldats, qui prennent les armes à la mort de celui-ci, de celui-là. Pour survivre. Il y a aussi quelques femmes qui s'engagent pour échapper à la misère. Je crois que ma Gingolaise se dérobe à toutes ces catégories, mais qu'en sais-je vraiment? Je voudrais rentrer à l'intérieur d'elle, savoir ce qu'elle pense, ce qu'elle vit et comment elle le vit. Quitte à décider pour elle et à m'emparer de sa vie. Mais elle m'en empêche. Elle me laisse sur le seuil d'elle-même avec un sourire. Un sourire trop grand pour être tout à fait convaincant. Et d'une pirouette sur ses jambes un peu courtes, elle me tourne le dos et s'éloigne.

Au cours de mes recherches, je viens de découvrir la photo d'une figurine d'elle au musée de Mahon à Minorque. Jolie, charmante sous le plâtre fraîchement repeint de la statuette. Lisse. Pourquoi donc préférerais-je encore croire à son propos la description que fit d'elle le comte de Crillon, fils du duc du même nom, lorsqu'il la vit morte: «J'ai été la voir, son visage n'était pas défiguré par la mort, elle n'a jamais été fort jolie»?

Mais j'anticipe, pour le moment, Marie Anne et moi descendons toujours vers le sud.

CHAPITRE 18

Ils ont quitté Valence et sur la grande barque, qui, en plus d'eux huit, transporte aussi des peaux, des farines et même un fromage de Gruyère – le seul qui dépassera Lyon –, Marie Anne écoute Pierre d'Odet. Plus il s'éloigne de son Valais, de sa mère, de toute sa famille, plus ses lettres sont désespérées et plaintives et plus aussi grandit sa rigueur de futur soldat.

Marie Anne l'écoute et elle le regarde. Il y a dans le désespoir de cet homme quelque chose qui la fascine et qu'elle va même jusqu'à tenter d'imiter quelquefois. Une manière de raidir le dos et une retenue de noblesse qu'elle voudrait s'approprier sans y parvenir. Alors elle se redresse, encore et encore, comme pour gagner enfin ces quelques centimètres qui, s'ils lui manquent encore lorsqu'elle parviendra en Espagne, l'empêcheront de rejoindre l'armée du roi. Elle doit se tenir droite et ne jamais laisser la tristesse ou la compassion recourber ses épaules. Lorsque l'angoisse l'étreint, Marie Anne virevolte, s'agite et fait rire la troupe.

Qui sont, mis à part Pierre d'Odet, ces six autres compagnons qui font le voyage en même temps qu'elle ? Il y a bien sûr Guillot, le recruteur de Monthey, qui va les emmener jusqu'à Barcelone et fera ensuite la traversée avec eux jusqu'à Palma. C'est plutôt un bon chef. Elle a eu de la chance que Fragnière vienne de terminer son service. Il ne l'aurait jamais laissée en paix. Ni Pierre d'Odet non plus d'ailleurs, qu'il n'aurait sans doute cessé d'humilier. Il y a Jean, il boit trop, il parle peu et laisse les autres en paix. Il y a Hans et Jakob, ils viennent de Suisse allemande et se sont engagés ensemble. On ne sait pas grand-chose à leur propos. Pas même s'ils sont frères, ou seulement des amis, issus du même village. On ne comprend pas ce qu'ils disent. Ils sont en connivence, rient, sont tous deux vigoureux et d'humeur égale. Il y a François.

Il est nerveux et prétentieux. Quand il rit, c'est comme une morsure qu'il inflige. Mais il est grand et fort. Alors on le laisse dire. Il en a toujours après Pierre. Par-derrière comme un mauvais chien. Mais Pierre ne le voit pas et semble l'ignorer. Et il y a Nicolas, calme et plutôt silencieux la plupart du temps. Il devient un autre homme, les très rares fois où il boit trop. Alors il est intarissable et ne cesse de parler. Encore et encore, il raconte l'Espagne. La touffeur de l'été, le faste du catholicisme, la merveilleuse beauté des femmes et surtout celle d'Inès qu'il n'a pas vue depuis plus de dix ans et qu'il va enfin retrouver. François se moque de lui. Lui dit qu'Inès bien sûr l'a oublié. Qu'elle en a trouvé de plus beaux et de plus riches que lui. C'est ce pluriel dont use François qui met Nicolas hors de lui. Ces soirs-là, Pierre se tient à l'autre bout de la barque pour n'entendre personne. Et souvent Charles le rejoint. Silencieux mais présent.

Charles n'est d'aucun groupe. Tout le monde le supporte, personne ne l'aime vraiment. Il arpente la barque, poursuit ses exercices pour rester en forme. Saute, se plie, fait travailler ses bras. Parle trop, de rien et souvent à personne en particulier. S'agite. Sa façon à lui d'être invisible, c'est cette agitation dans laquelle il se fond. Il n'a pas d'allié véritable. Pas d'ami proche non plus. Pas même Pierre, beaucoup trop enfermé dans son propre malheur. À Pierre il demandera une seconde fois, avant que leurs routes ne se séparent, d'écrire quelques lignes à Martin. La première était partie juste un peu avant Lyon. Il n'y disait presque rien, si ce n'est sa route pour l'Espagne. Il y remerciait l'armée et le fleuve de l'emmener vers sa nouvelle vie. Charles, qui semble toujours passer au travers des gens sans leur accorder la moindre consistance autre que celle de leur présence immédiate, s'est donc souvenu à nouveau de Martin, auquel il adresse pour la seconde fois quelques lignes très courtes, pour lui dire qu'il avance et qu'il s'en réjouit. Il n'écrit pas à sa famille. Un soir, il a eu, comme une fulgurance, le sentiment que sa mère était morte. Il a pris cela comme une certitude. Il s'est engagé pour cinq ans et à voir l'état de santé qui était celui de sa mère au moment de son départ, il sait qu'il ne la reverra pas. Il a fait son deuil en partant. Marie Anne le sait, son père n'a aucune affection pour elle. Il aurait peut-être un peu de considération pour sa solde – qui représente un nombre non négligeable de pichets ! – mais il ne la prendrait pas au sérieux. Il n'a jamais eu qu'agacement et mépris pour elle. Ses sœurs ont leur famille. Ceux qui l'aimaient sont morts. Les autres l'ont laissée partir, sans doute avec soulagement. Marie Anne est libre. Libre de s'agiter. Libre d'aller vivre la vie d'un autre. Libre de s'emprisonner dans des habits d'homme qui vont lui permettre d'aller mourir en Espagne. Lorsque Marie Anne a dû choisir un prénom d'homme, elle ne voulait usurper la place de personne. Charles lui est venu simplement en pensant à sa sœur Charlotte, qui portait le même prénom que sa mère. Elle était morte elle aussi, elle ne lui prenait rien. Marie Anne n'a jamais rien volé à personne. Pas même un prénom.

Cette seconde lettre envoyée à Martin est partie d'Orange. Est-ce le simple fait de voir Pierre si souvent écrire aux siens qui lui a donné envie de faire de même? ou est-ce cette ville au nom d'agrume qui lui a rappelé cette soirée passée dans la famille de Martin et la petite boutique aux merveilles de la mère du jeune homme? Marie Anne avait senti chez Martin quelque chose de nouveau, qu'elle ne connaissait pas. La possibilité d'un partage où chacun d'eux serait gagnant. Son cousin Philippe était un modèle. Martin pourrait être un ami.

CHAPITRE 19

Le sous-lieutenant Guillot n'est pas un bleu. Cela fait plus de cinq ans qu'il est incorporé. D'abord cadet de campagne dans le régiment Rothen, dit de Saint-Gall, il est maintenant recruteur à Monthey où il remplacera Fragnière. L'an dernier, il était sous-lieutenant. C'est la troisième fois qu'il fait le chemin de l'Espagne. Il a vingt-deux ans. Six de plus que Charles. Il est très jeune mais beaucoup plus vieux que lui. Son père Pierre Guillot aura la tête tranchée à Sion lors de la conjuration des crochets. Dix ans plus tard exactement, en 1791. Mais pour le moment, Pierre, le fils, est le chef de ce groupe, qu'il doit conduire jusqu'à bon port. Il sait que le chemin qui mène à Barcelone peut être difficile. Le col qu'ils passeront pour rejoindre l'Espagne ne peut être franchi que lorsque le temps est clément. Ils vont attendre encore un peu. Attendre que la boue des chemins durcisse.

Ils sont tout d'abord allés jusqu'à Montpellier puis de là, ils devaient rejoindre Barcelone par la mer. Mais leur bateau n'arrivait pas. Ils ont renoncé à choisir ce trajet lorsqu'ils ont appris qu'il avait été attaqué par des pirates, des corsaires plus précisément, protégés par les Anglais. À cette annonce, Marie Anne a mimé un corps-à-corps sanglant dans lequel elle était à la fois eux et leurs ennemis, qui tremblaient bientôt sous ses coups. Ils ont tous ri bien sûr. Même Hans et Jakob qui étaient peut-être simplement ravis de ce combat sans mots. Guillot est arrivé.

– Garain ! Tu ne sais pas de quoi tu parles. Ne t'imagine surtout pas que tu survivrais à l'attaque d'un pirate. Tu ne sais pas te battre. Tu n'es qu'un fanfaron et tu brasses de l'air.

Marie Anne est saisie. C'est la première fois qu'on lui parle ainsi depuis qu'elle est Charles. Depuis qu'elle est un homme. Sur son visage se bousculent des émotions contradictoires dont il est impossible de dire laquelle prendra le dessus. Elle tourne le dos à Guillot sans un mot. Elle fait quelques pas loin des autres. Des pas nouveaux, des pas normaux, pourrait-on dire, si cela avait un sens. Des pas qu'ils ne lui connaissent pas et le silence se fait. Malgré eux, tous se taisent et arrêtent leurs gestes. Le changement de Charles est tellement inédit, lui qui toujours va son chemin comme s'il avait au corps, au cœur et dans les jambes une matière étrange qui le fait rebondir. Lui par-dessus qui rires et moqueries passent sans heurts. Soudain, dans sa normalité nouvelle, Charles est un autre qu'ils ne reconnaissent pas. Petit gars trop menu pour la tâche qu'il se donne. Boute-en-train qui fatigue, mais aussi qui rassure, sur cette route de l'Espagne où ils vont faire la guerre. Chez Marie Anne, avec les mots de Guillot, c'est l'enfance meurtrie qui revient. Pas la première enfance où l'on est quoi qu'on veuille le centre de son monde. Non, celle des neuf ou dix ans, celle où les autres ne sont plus seulement là pour offrir un sourire, un bol de soupe ou une engueulade, mais nous tendent un miroir, dans lequel se reflète notre image, telle qu'elle est au cœur du monde. Notre place parmi les gens. Notre exclusion peut-être, impossible à comprendre, ni à leur attribuer. Comme le signe d'une faute qu'on aurait commise sans savoir laquelle ni quand. La faute, par exemple, d'être un peu encombrant, différent ou qu'on gêne.

Guillot s'est détourné. Les autres regardent Charles qui ne les voit pas. Guillot et Charles, dos à dos à distance, et entre eux le groupe en attente. Pour la première fois, Pierre va pour esquisser un geste. La douleur de Charles, il la reconnaît. Il se lève, s'approche. Regarde son jeune ami. Ses épaules courbées de manière inédite. Sa taille, si petite, qu'il n'avait jamais vraiment vue. Il s'apprête à poser sa main sur l'épaule de Charles, qui se retourne brusquement. Retrouvant son sourire. Que chacun maintenant sait être de façade. Il regarde Pierre brièvement et se dirige vers Guillot.

– Capitaine, vous avez raison. Je ne connais rien à la guerre. Apprenez-moi les armes. Je ne demande que ça.

Guillot s'est retourné. Il n'attendait pas une telle réaction. On sent que cela lui plaît. Il laisse passer un peu de temps. Peut-être pour réfléchir. Puis il dit simplement :

– D'accord, Garain, on commence demain. Ta bonne humeur bondissante ne fait pas de toi un soldat. Choisis dans le coffre une arme qui ne soit pas trop lourde. Pas de zèle, Garain. Ce n'est pas ce que je cherche.

Les armes sont en bois, taillées à l'identique. Les exercices de maniement devaient commencer au camp d'entraînement. Guillot fait une exception pour Charles. Le fusil est lourd, mais moins qu'un vrai, bien sûr.

Le lendemain, Charles s'est présenté devant Guillot, le fusil sur l'épaule, dans une position qu'il pensait adéquate. Les autres l'ont regardé. Il était solennel. Il se dégageait de lui une émotion nouvelle.

– Garain, préparez-vous à faire l'exercice, a dit Guillot haut, fort et clair en le vousoyant à nouveau. Talons sur la même ligne, séparés l'un de l'autre d'un demi-pied. Fusil sur l'épaule gauche.

Un demi-pied. Charles s'est empourpré. Un demi de ses pieds, ce ne sera pas assez.

– Article 1. Fusil sur l'épaule gauche, a répété Guillot. Et la sous-garde appuyée sur le téton. La main gauche à quatre doigts du bout de la crosse. Le coude serré contre le corps sans être gêné. La main droite pendante le long du corps, la tête haute tournée sur la droite pour partir en même temps que le soldat de la file de droite.

– Article 2. Portez le fusil en avant. En trois temps : au premier, on portera la main droite sous la platine en faisant glisser la crosse de quatre doigts et la tournant avec la main gauche de sorte que le fusil soit sur son plat les coudes élevés à hauteur du poignet.

Guillot, comme une machine, a donné ses instructions à la suite. Répétant autant de fois qu'il le fallait les ordres que Charles ne parvenait pas à exécuter du premier coup. Ceux sur lesquels il trébuchait.

...

– Article 41. Au quatrième, on portera le fusil de la main droite sur l'épaule, repassant la main gauche à un pied du bout du canon, les coudes égaux.

...

– Article 46. Mettez la baïonnette au bout du canon. En six temps : au premier, on portera la main droite au-dessous du chien, sans remuer le fusil. Au deuxième, en haussant le fusil en avant de la main droite, la platine en dehors, on portera la main gauche un demi-pied au-dessus de la partie supérieure de la platine, le pouce le long du canon, à la hauteur et vis-à-vis le menton, les bras demi-tendus.

Autour d'eux tous, le silence prend la forme d'une chape de verre ronde, sous laquelle ils sont enfermés. Hans et Jakob, la bouche entrouverte comme s'ils manquaient d'air, semblent à la fois au bord de pleurer ou de l'acclamer. Nicolas détourne la tête. Cependant que Guillot poursuit la liste des articles à exécuter.

...

– Article 53. Genou en terre. À ce commandement, les Soldats des quatre rangs armeront leur fusil, ceux des deux premiers rangs mettront en même temps le genou droit en terre, effaçant un peu l'épaule droite, et posant la crosse à terre contre le genou droit; ceux du troisième rang passeront le pied gauche entre les jambes de ceux du second rang, de façon qu'il touche le pied droit du Soldat du premier rang, qui fera vis-à-vis; et le Soldat du quatrième rang, passera le pied gauche entre la jambe droite du Soldat du troisième rang, & le pied droit de celui du deuxième rang.

Guillot a ordonné posément et sans émotion les soixante premiers articles de cet exercice édité par le roi de France pour ses armées et celles du roi d'Espagne. Soudain sa voix prend une inflexion nouvelle. Arrivé au dernier article, un soulagement s'infiltre dans chacun de ses mots.

– Article 61. Quand les rangs & les files seront desserrés, le Major fera appeler; et aussitôt les Officiers Sergents viendront reprendre chacun la place qu'ils avaient avant que l'on fît l'exercice, marchant à même hauteur jusqu'au front du bataillon, tenant le chapeau bas jusqu'à ce qu'on ait fini d'appeler.

Les Tambours retourneront pareillement au centre du régiment, où ils se partageront pour retourner à la droite et à la gauche du régiment, appelant toujours jusqu'à ce qu'ils aient repris leur place, et que le Major leur ait fait le signal pour cesser.

Charles n'a pas bronché. Il a exécuté tous les ordres. Il s'est souvent trompé. Guillot l'a repris chaque fois, inlassablement, jusqu'à ce que le mouvement soit juste. Cela a duré longtemps.

Très longtemps, sous le regard du groupe qui se demandait à quel moment le petit Charles allait flancher. Mais il a tenu bon. Ils ont compris qu'il serait allé jusqu'à l'épuisement. Dont il était très proche. Il a ensuite remis le fusil de bois dans le coffre et il s'est approché de Guillot. Face à lui, les chaussures sur la même ligne, séparés d'un demi-pied, il lui a dit merci. Puis il a tourné les talons pour se diriger vers Pierre et s'asseoir à ses pieds. Pierre a posé sa main sur la tête de Charles.

– Bravo, petit. Tu as un cœur bien grand et tu es courageux.

À cet instant, combien d'années semblaient séparer ces deux êtres, tous deux si jeunes pourtant ? Cela aurait pu sembler ridicule, d'un côté ce ton docte de l'aîné, de l'autre l'importance que Charles a accordée à cette simple phrase. Et sa fierté, que tous ont pu lire dans ses yeux. Pour lui, les émotions avaient été très fortes, parmi lesquelles la peur à de nombreuses reprises. S'ils avaient vu que le fusil ne pouvait s'approcher complètement de son torse, à cause de sa poitrine de femme ? S'ils avaient remarqué ou vu, pour la première fois réellement, son menton toujours glabre et sa mâchoire étroite ? Et toutes ces allusions aux pieds et aux tétons ! Et si Marie Anne s'était effondrée et qu'ils aient dû la relever ?

Elle a fait preuve d'une concentration et d'une résolution dont elle ne pensait pas être capable. Avec au cœur, à la fois la peur d'être découverte, mais aussi pour la première fois le sentiment naissant d'être à sa place.

J'aime à penser que c'est à ce moment-là que Marie Anne a vraiment choisi le métier des armes. Même si elle ne le sait sans doute pas encore. Même si peut-être elle ne le saura jamais. Ces heures qu'elle vient de passer vont changer son état d'esprit. Elle s'est engagée pour Philippe, pour gagner sa vie et sans doute pour pouvoir laisser libre cours à cette énergie qui la saisit toute. Pour échapper en outre à ces métiers de femme qui l'ont toujours entravée. Sa mère n'a jamais une seconde à elle et le travail qu'elle fournit jour après jour et depuis toujours demande une résistance immense. Et de la force aussi. Mais qui n'a rien à voir avec l'énergie dont souffre ou jouit Marie Anne. Sa mère, dirait-on, se tient toujours à un demi-pas derrière ses tâches. À leur traîne, elle les subit. L'énergie de Marie Anne la propulse en avant et ses devoirs souvent peinent à la suivre.

C'est aussi la première fois qu'on la félicite. Depuis qu'elle est Charles, les signes d'amusement qu'elle provoque sont plus fréquents que les signes de fâcherie. Mais on ne lui fait jamais de louanges non plus. Dans ses habits d'homme, elle s'est affirmée. Parce qu'elle le devait. Parce que cela lui convient. Mais aujourd'hui, il s'agit d'autre chose, Pierre l'a félicitée et les autres se sont tus comme pour approuver. Cela ne lui était jamais arrivé. Sous la main de Pierre posée sur ses cheveux, elle a baissé la tête. Puis elle s'est enroulée à ses pieds. Les genoux près du visage dans une position d'enfant qu'on vient de battre, de jeune singe, de fœtus.

A-t-elle réalisé que quelque chose changeait ? Ces mouvements strictement régis, ces enchaînements précis, comme une parade, amoureuse ou guerrière. La répétition des gestes est une sorte de transe. Comme une danse dans laquelle Marie Anne et Charles se rassemblent, pour la première fois. Ces gestes ont-ils résonné quelque part en elle ? L'ont-ils apaisée ou galvanisée ? A-t-elle craint de ne pas y parvenir, d'être prise à défaut ? A-t-elle ensuite été délivrée, percluse de fierté, de fatigue et de soulagement ? Pour la première fois, les autres l'ont regardée. Pour la première fois, Marie Anne s'est sentie quelqu'un et c'est à Charles qu'elle le doit.

CHAPITRE 20

– Veux-tu que je t'apprenne à écrire?

Pierre a dit cela sans lever les yeux du petit carnet que Charles a confectionné avec des morceaux de tissus que son ami lui a donnés. Charles les a pliés à plusieurs reprises. Les a cousus sur les côtés puis en a tranché les faces fermées. Il a ainsi une vingtaine de pages, sur lesquelles jour après jour, avec une tige de bois charbonneuse, il ajoute des traits, verticaux, horizontaux, en diagonales, en courbes ou demi-cercles. Comme une écriture originelle connue de lui seul. Pierre a regardé les bâtonnets sans comprendre leur sens.

– Tu veux que je t'apprenne à écrire? a-t-il répété en haussant la voix.

– Non, ça va, je me débrouille, a répondu Charles avec un sourire. J'ai bientôt fini.

Pierre a alors compris que les traits correspondaient à des positions. Jambes et bras en deux traits pour genoux et coudes, petits traits pour les pieds et grands pour le fusil. Depuis plus de deux semaines qu'ils attendent toujours un passage vers l'Espagne, Charles a retranscrit à sa manière tout ce qui lui permettra bientôt de faire ses exercices avec exactitude et sans l'aide de personne. Charles a changé. Il a de la patience. C'est comme si le fait de pouvoir s'améliorer, d'en avoir enfin les moyens, l'avait apaisé. Marie Anne ne se préoccupe plus de l'avis des autres depuis longtemps, depuis la fin de son enfance en fait. Les autres, miroir à sens unique, lui ont toujours renvoyé ses échecs. Et ses clowneries pour cacher les échecs. Aujourd'hui c'est un peu comme si elle retrouvait la forêt de son enfance, les paysages magiques de cet âge où l'auto-hypnose nous permet à tous d'être en nous-mêmes et au cœur du monde, sans besoin de partage autre qu'avec ceux qu'on invente et qui nous accompagnent. Charles se sent ainsi lorsqu'il pratique ses exercices de maniement des armes, en lui-même et au cœur du monde. Est-ce parce qu'on l'a félicité ? Est-ce parce qu'il progresse, pour la première fois de sa vie ? Est-ce parce qu'il a enfin un but hors des fantasmes romanesques de son cousin mort ? Oui, pour la première fois, Charles et Marie Anne s'unissent dans ces exercices. Oui, pour la première fois, Marie Anne apprend et cela la délivre.

Lorsqu'elle était petite, on l'envoyait toujours valdinguer d'une tâche à l'autre. Des tâches auxquelles elle s'acquittait comme on perd à l'avance. Ses sœurs étaient déjà grandes lorsqu'elle est arrivée. Pas question dans cette famille que ses parents la choient parce qu'elle était petite, ou qu'elle venait en dernier. Son père ne voulait pas d'elle, on ne l'attendait pas. Elle dérangeait, c'est tout. Cassant la vaisselle lorsqu'elle posait les plats sur la table. Laissant tomber un objet qui se cabossait dans sa chute. Gronderies et cris. Coups et colère, sourde ou blessante. De plus en plus maladroite, de plus en plus souvent, au début par peur de faire mal, puis pour ne rien changer à ce qu'on pensait d'elle. Salissant de ses doigts, toujours empreints de forêt et de fleurs des champs, les maigres travaux de couture qu'on lui imposait. Se faisant un ami du veau ou de la chèvre brune qu'on tuait aussitôt qu'elle l'avait choisi. Et dont elle gardait quelques poils, de la queue ou des oreilles, qu'elle caressait en pleurant le soir sur sa paillasse. En automne, elle savait cueillir les pommes les plus hautes de l'arbre, en s'accrochant aux troncs pour y grimper. Mais si vous aviez le malheur de sortir une échelle, pour sûr qu'elle en tombait ou que sous ses pieds pourtant si petits, un échelon se brisait. On décriait sa gaucherie et son manque d'habileté, on la rejetait. Comme on rejette un chien qui accueille des brigands en agitant la queue, un chat qui donnerait asile à des souris. On la rejetait de manière systématique, d'avance en quelque sorte, et sans jamais tenter de lui apprendre à faire mieux. Chronique d'un échec annoncé. Qu'elle supportait en souriant.

Je devine aujourd'hui que Marie Anne n'a tout d'abord pas consciemment cherché à se travestir, elle a revêtu les habits de Philippe. Lorsqu'il est mort, écrasé par cette bille de bois, elle a dérobé chez lui une paire de culottes marron, un gilet, ainsi que son chapeau que tout le monde a cherché ensuite mais qu'ils n'ont pas trouvé. Elle les a cachés farouchement. Lorsqu'elle a décidé de quitter le village, il y a quelques mois, elle a pensé que ces habits l'aideraient à passer inaperçue. Les culottes trop grandes, elle les a retournées à la taille, tenues par une large ceinture en drap brun plus foncé. Elle a enfilé ses chaussettes en laine beige, une chemise ample et le gilet. Puis elle a posé le feutre sur sa tête, plus en avant que le portait Philippe, elle l'a écrasé sur son front. Ce déguisement, ces vêtements de Philippe, elle les a endossés pour se donner le courage de partir. Marie Anne connaît bien la vie du village. Ce jour-là, elle a prétendu qu'elle s'acquitterait des tâches qu'on lui avait assignées. Elle a choisi une heure où le village se vide. Au mois de décembre qui plus est le jour se lève tard et la nuit tombe vite. La lumière oscillait encore, hésitant à venir sous l'effet des nuages. Personne ne l'a vue prendre la direction du nord. Ou personne n'a rien dit. Dans le premier chemin de montagne qui monte au col de Nicodex, celui qu'elle a choisi pour rejoindre Saint-Gingolph au bord du Léman, elle a fait attention de ne croiser personne. Marie Anne est une fille des bois, elle sait sortir d'un chemin pour une parenthèse et le retrouver peu après. Elle aime les raccourcis qui évitent les rencontres, même si le plus souvent, coupant hors des sentiers, ils allongent le trajet, à travers les branchages, les ronces et les herbes hautes. C'est une année sans neige. Du moins pour le moment. En novembre, elle est tombée sur le village et l'a recouvert. Puis le fœhn a lâché son haleine chaude et sèche. Il a sali la neige, la couvrant d'éclats bruns, de boue et de branchages. Ensuite, l'a fait disparaître. Ce fœhn qui nous exalte et qui nous rend nerveux. Ce vent du sud qui tire son origine du latin *favonius*, vent doux, et qui dans le monde porte tant de noms. *Diablo* à San Francisco, *chinook* dans les Rocheuses, *chanduy* au Mexique, vent d'Autan, tramontane dans le sud de la France, *zonda* dans les Andes et *magnaneva*, mange-neige le bien-nommé, en Corse. Ce vent lui a offert sa chance de partir.

Philippe lui avait maintes fois dit par où il s'en irait pour rejoindre Saint-Gingolph et passer la frontière. Dans le gilet qu'elle lui a pris à sa mort, il avait caché quelques pièces qui lui permettraient de survivre lorsqu'il « s'évaderait » de Nicodex. C'est le verbe qu'il utilisait. Il lui avait fait toucher les pièces à travers le tissu.

Elle a dérobé un morceau de pain et un peu de fromage et elle est partie vers le col.

Marie Anne a l'habitude de marcher, mais jamais sur de longues distances. Elle a toujours pensé que les êtres humains étaient seuls inquiétants et que la nature était accueillante. Il n'empêche, sans la protection de cette proximité du hameau, ce n'est pas pareil. Depuis le col de Nicodex, sous les rochers du Tréchauffex, elle a suivi le Nant d'Ouzon. Au fond du val, elle voit un village plus grand que les autres. Vacheresse, ce nom qu'elle a entendu quelquefois et qui l'amusait.

À Vacheresse, elle a croisé du monde. Il y avait une sorte de marché. Elle a opté pour lever haut la tête et pour marcher d'un pas alerte. Elle les connaît ceux qui se cachent, la tête dans les épaules, le chapeau enfoncé, le dos courbé. Quelqu'un l'apostrophe pour lui vendre un article en lui disant jeune homme. C'est la première fois. À être sur ces routes de prés et de cailloux, elle en était presque venue à oublier. Cette force qu'elle ressent alors de les leurrer ! Marie Anne a seize ans, elle ne saigne toujours pas. Que se serait-il passé si dans ces montagnes le sang, s'était mis à couler ? Elle aurait été à la merci de quelqu'un qui passait. Quelqu'un de bien ou malintentionné. Qui l'aurait dénoncée, renvoyée au village. Elle serait retournée à Nicodex, dans l'indifférence ou la sauvagerie. Son père l'aurait peut-être tuée d'avoir voulu leur échapper, selon qu'il aurait bu beaucoup, ou trop. Et personne ne se serait opposé à cette correction que tous n'auraient peut-être pas approuvée, mais qu'on aurait trouvée légitime. À Vacheresse, Marie Anne a fait ses premiers pas de Charles. Si elle avait osé, elle aurait choisi de s'appeler Philippe, mais elle l'avait bien trop aimé, de son amour de gamine tendre et fort, pour se prendre pour lui.

Au milieu des gens inconnus, elle a choisi d'être bravache et cela a marché. Son cœur bat si fort et si vite qu'elle craint qu'il dégringole. Vacheresse, un village trop grand et trop proche encore du sien pour qu'elle s'y arrête. Elle voulait partir droit dans la montagne du côté de Trois-Nants. Elle n'a pas trouvé le chemin, elle est trop près de Nicodex pour arrêter quelqu'un, pour demander sa route. Elle a traversé le village comme si elle savait où elle se dirigeait, elle a pris la route la plus large, celle qui va vers le sud-ouest. Ce n'est pas la bonne direction. Elle l'a suivie quand même pour paraître sûre d'elle. C'est peut-être à Vacheresse que ses débordements d'enfant se sont transformés. Sont devenus cette assurance un peu grotesque qui a caractérisé son nouveau statut de garçon. Un allant gai et manifeste, par-delà les peurs et la crainte.

Quelques kilomètres plus loin, un chemin part vers la gauche, elle le suit sans hésiter car elle sait de quel côté se trouve le grand lac qu'elle doit rejoindre. Vers Saint-Gingolph. Ce nom la faisait rire, parce qu'elle ne le trouvait pas très noble pour un saint. Philippe avait répété le nom du village à la façon des gens d'ici : Gengoux, Djingou, répétait-il en avançant les lèvres. Pour la faire rire encore. Sur tous les tons et avec des accents qu'elle ne connaissait pas. Il avait fait ensuite une pause brusque et plus longue que celles qu'il faisait d'habitude. Il avait dit avec sérieux que c'était le sésame pour partir : dire qu'on était de Saint-Gingolph. Du côté valaisan de la Morge. Pour pouvoir s'engager. C'est pour cela qu'elle s'y rend.

À nouveau, la fiction m'a entraînée dans le passé de Marie Anne, m'empêchant de suivre une ligne temporelle droite et claire. Et je m'engouffre avec elle dans les détours, les balancements de la mémoire, ici sur les sentiers de montagne qui l'emmènent à travers le Chablais, vers sa vie de soldat.

CHAPITRE 21

Le chemin suit le creux du val. La forêt y est dense et le val est profond. Elle aime la nature. Elle s'y sent à l'aise. Mais le soir est tombé et elle doit trouver un abri. Un chalet d'alpage, une grange ou une bergerie, inhabités à cette saison. Elle aurait dû s'en préoccuper plus tôt. Ici, il n'y a rien. À la lisière du bois, à quelques dizaines de mètres du chemin, des troncs croisés, tombés en triangle les uns sur les autres, lui offrent un abri où elle va se blottir. Elle fait un lit de feuilles, casse quelques branches vives de sapin dont elle se recouvre. Elle en appelle à Dieu et surtout à la Vierge. Elle l'a fait si souvent que les mots lui reviennent sans qu'elle ait besoin de les invoquer. Mais ils sont mécaniques et ne la consolent pas. Parce qu'ils ne touchent plus son cœur, qui s'est fermé lorsque Philippe est mort.

Je déteste penser que la mort d'un être jeune puisse être positive. Sans celle de Philippe pourtant, Marie Anne serait devenue une sorte de cœur simple. La *Félicité* de Flaubert. Elle aurait mis toute son énergie à se dévouer, de la même manière que demain, elle ira au combat. Se dévouer à Philippe, peut-être, mais pas à son père. C'est sans doute lui qu'elle a fui. La naissance a beau nous faire ce que nous sommes, les rencontres et les coups du sort, qu'ils soient tendres ou cruels, font parfois de nous ce que nous devenons. Elle serait moins glorieuse aujourd'hui, mais elle aurait sans doute vécu plus longtemps. Une vie de durée contre une vie intense.

Est-ce donc toujours une obligation de choisir? Je vois tant de façons de vivre intensément. Regarder la lumière changer au fil des heures sur un paysage quotidien peut en être une, j'en suis convaincue. Je comprends le choix d'une vie dense et brève, mais je sais aussi d'expérience que les âges qui se déroulent nous offrent d'autres sensations, d'autres appréhensions des choses et de soi-même. L'expérience de vieillir est intense, elle aussi. Voir sa peau se faner. Savoir qu'à l'intérieur de soi, l'enfance est toujours là, ne pas laisser les peurs l'emprisonner dans l'enveloppe vieillie. L'enfance est au cœur de chacun de nous et tous les autres âges de la vie avec elle. Tous ceux qu'on a eu la chance de vivre. Parfois ils se bousculent, arrivent tous ensemble pour un carambolage dont on ne sait que faire. « J'aimerais être un adulte », m'a répété à plusieurs reprises mon tout petit dernier, cinq ans bientôt. Je lui ai dit que je le comprenais, que j'aimais être adulte, que cela lui arriverait bientôt et que j'étais contente pour lui qu'il s'en réjouisse.

Marie Anne ne s'endort pas. Elle écoute les bruits de la nuit. Elle a peur des ours, elle a peur des loups, elle a peur des bruits, elle a peur de voir surgir un danger, elle a peur d'avoir peur. La nuit est obscure et ne laisse rien voir. Elle doit rester là où elle est, elle n'a pas d'autre choix. Sortir de son refuge serait dangereux. Pendant de longues heures, elle écoute la nuit noire. Puis d'un coup, le sommeil la prend. C'est le bruit d'une clochette lointaine qui la réveille, dans l'aube qui arrive et lui rend la montagne.

Quelques heures de marche jusqu'au lac de Darbon. Sortie de nulle part, une gamine la regarde. Quelques chèvres la rejoignent et font cercle autour d'elle. Elle porte une jupe beige à plis, une chemise écrue un peu large, un corsage lacé. Dans ce camaïeu de terre sombre, l'éclat bleu d'un ruban accroche une tache vive à ses cheveux embrouillés. Elle lui fait un sourire, lui tend un quignon de pain sans un mot. Elle penche un peu la tête. À Marie Anne elle aurait parlé, devant Charles elle se tait. Marie Anne lui rend son sourire et accepte le pain. Hier soir, elle a mangé toutes ses maigres provisions. Pas parce qu'elle avait faim, elle avait bien trop peur pour cela, mais à cause de l'ours, pour ne pas l'attirer.

– Tu sais où est le lac ?

La fillette fait un signe en direction du petit lac de montagne, derrière elles, pas très loin.

– Non, l'autre, le grand avec les barques aux grandes voiles blanches.

La petite fille fait non de la tête et part en courant.

– Tu parles du Léman ?

Marie Anne sursaute. Derrière elle se tient un vieil homme qu'elle n'avait pas vu arriver.

– Tu vas pour t'engager ?

Elle fait un geste de la tête, craint que sa voix ne la trahisse.

– Tu es sûr que tu as l'âge pour cela ?

– Je viens d'avoir seize ans !

– Tu pars vers Saint-Gingolph ?

– Oui. Ça se voit tant que cela ?

– C'est le plus près d'ici pour faire croire qu'on est du Valais. Depuis Saint-Gingolph, tu longes les rives du Léman vers l'est où il finit et tu suis la montagne. Puis tu arrives à Monthey où ont lieu les recrutements. Et tu leur dis que tu es gingolais.

Il a vu la grimace qu'a faite Marie Anne.

– C'est comme ça qu'on nomme les habitants de Saint-Gingolph. Tu dois dire que tu viens de l'autre côté de la rivière, du côté valaisan, si tu veux être engagé à bon prix.

– Et pour aller à Saint-Gingolph ? a dit Marie Anne avec un reste de timidité mais surtout cette affirmation enjouée qui court même dans ses questions et qui sera bientôt sa marque de fabrique.

– Tu montes encore un peu, jusqu'aux chalets de Neuteu. Les premiers que tu croiseras en suivant le chemin. De là, entre les roches, tu verras un bout du Léman. Cela devrait suffire pour te diriger.

Marie Anne a froncé.

– Sinon, tu t'imagines que tu es une rivière et tu fais comme elle, tu prends le chemin le plus court. La rivière existe. Elle s'appelle la Morge. Tu la suis jusqu'au lac. Elle te mènera au village que tu cherches et qu'elle divise en deux.

Elle allait dire merci, elle allait lui demander comment il savait tout cela. Il a devancé ses questions.

– Je l'ai fait il y a très longtemps. Ce n'est pas drôle, tu sais.

Elle a remarqué la cicatrice, comme la branche sèche d'un arbre à la lisière du front et des cheveux. Elle a dit merci. Il avait tout dit et s'était retourné pour rejoindre sa petite-fille et partir avec son troupeau.

Cet homme qui vient de lui parler, il l'a prise pour un garçon sans hésitation. Il a vu en elle un futur soldat. Elle pourrait donc vivre tout à fait le destin dont Philippe rêvait ? Si ce soir au village du bord de l'eau vers lequel elle se rend, la réussite de son travestissement se confirme, alors elle ne lâchera plus rien.

Moins d'une heure plus tard, aux chalets de Neuteu, entre les rochers qui ferment presque le col, lorsqu'elle a aperçu les eaux bleues du Léman, elle est restée là quelques minutes, immobile. Quelque chose s'est passé en elle. Quelque chose que lui offre sa fuite. La découverte de sa liberté, dans ces paysages nouveaux et ses nouveaux habits, lui procure un plaisir intense. Je ne crois pas qu'être un garçon soit un but pour Marie Anne, c'est un moyen. Auquel elle va tout faire pour ne pas renoncer. Autour d'elle, les chalets de pierres sèches font une sorte de ronde, nichée dans le creux des grands rochers gris. Une ronde enfantine, ou celle que font parfois quelques bolets dodus nés d'un bel orage de septembre. Ce soir elle atteindra le village de Saint-Gingolph. Ce soir peut-être, elle décidera d'être un garçon pour le reste de sa vie.

Depuis cette traversée de son Chablais natal, elle a fait du chemin. Elle a pris de l'assurance dans ce groupe restreint lié par le voyage. Même tacite, la protection de Pierre l'a aidée. Dans la hiérarchie sociale qui règne à l'époque, il est respecté de tous par nature.

CHAPITRE 22

Le mois de mai qui commence les trouve enfin au pied des Pyrénées. Guillot vient de les rassembler : en juin ils doivent être à Barcelone, puis ils traverseront sur Majorque. À pied, la côte qui mène jusqu'à Barcelone est difficilement praticable. Trop de criques aux roches surplombantes, rouges, coupantes et friables la rendent dangereuse. Ils vont passer la chaîne des Albères par le col de Panissars ou celui de Perthus, puis ils descendront sur Callela et Mataró, pour aller jusqu'à Barcelone. Par la suite, et ce sera leur mission, ils se battront pour reprendre Minorque aux Anglais.

Un peu moins de trente ans plus tôt, en 1756, aux premières heures de la guerre de Sept Ans, l'île avait été gagnée par les Français. Mais à la fin du conflit, ceux-ci l'ont finalement redonnée aux Anglais en échange de Belle-Île-en-Mer qui leur était alors stratégiquement plus utile. Cette année-là, les Français et les Espagnols, ligués contre les Anglais, vont reconquérir l'île. Et la forteresse de Mahon, surtout. Ils se battront ensemble, puis ils redonneront l'île aux Espagnols.

À Perpignan, il y a quelques jours, les chemins de Pierre et de Charles se sont séparés. Il va remonter sur Pau, Oloron-Sainte-Marie et le col du Sanport avant de gagner Saragosse où l'attend son oncle François. Pierre m'a aidée à me rapprocher de Marie Anne, je le vois sortir du récit avec une pointe de mélancolie.

Le véritable Pierre d'Odet mourra un peu plus de six mois après son arrivée en Espagne. À la suite d'une terrible bataille et un massacre encore plus sanglant que les autres, on lui offrira enfin ce congé dont il rêve depuis si longtemps, pour rentrer chez lui et revoir les siens. Mais contre toute attente, il sollicite comme une grâce de pouvoir rester. Pour soigner ceux de ses camarades qui ont été blessés au combat. Il prend alors ses fonctions comme garde malade dans un hôpital créé à la hâte. Dans cet emploi improvisé, il fait preuve à nouveau d'un zèle hors du commun en « prodiguant les soins les plus affectueux à ses amis souffrants ». Pas loin de l'hôpital de guerre où se trouvent les blessés, Pierre d'Odet prie pour eux et rencontre sa mort que Louis Robatel, dans ses mémoires, résume par ces lignes : « Il allait chaque jour visiter une chapelle, située à quelque distance de sa demeure, où il adressait à Dieu ses prières ardentes pour le rétablissement de ses camarades. Un jour, des infirmiers attachés à cet hôpital s'étant aperçus qu'il portait de l'argent sur lui, s'apostèrent à son passage lorsqu'il se rendait à ladite chapelle, le tuèrent à coups de couteau et le volèrent. »

Marie Anne est seule à nouveau. Elle ne s'est jamais confiée à personne. Sa façon la plus proche d'être en amitié a sans doute consisté à se blottir près de Pierre et à s'endormir près de lui, en sécurité. Se rapprocher pour laisser Pierre veiller à sa place. Non, « laisser » n'est pas le bon verbe. Tomber aux pieds de Pierre pour que celui-ci veille comme un fait et non comme un projet, ou le fruit d'une attente. Elle est seule à nouveau mais la chance lui sourit. Juste avant que Pierre ne prenne une autre route, elle a reçu une lettre de Martin. Pierre la lui a lue. Martin a pris la route qui mène à Barcelone. Il suit un convoi commercial pour rejoindre Charles. S'il le retrouve, il s'engagera peut-être pour être à ses côtés. Il a pris un autre chemin. À travers les Alpes et le Piémont, il est en train de descendre jusqu'à Gênes d'où il s'embarquera pour Barcelone.

– Il sera en Espagne avant toi, lui a dit Pierre. Si les pirates anglais ne coulent pas son navire.

Il y avait dans la voix de Pierre un ton distant qui semblait cacher quelque chose. Marie Anne l'a senti. Elle l'a perçu sans savoir quoi en faire, ni même quoi en penser. Dans le si peu de confiance en lui qu'il s'accorde, Pierre est peut-être jaloux de savoir qu'il sera remplacé. Mais cette jalousie n'est pas accessible à Marie Anne. Comment pourrait-elle s'imaginer qu'elle puisse être un enjeu ? Elle a dit merci à Pierre. Elle lui a dit aussi combien elle serait contente de retrouver Martin. Elle n'a fait preuve d'aucun étonnement à l'idée que Martin ait pris cette décision.

– L'est ni senyoule ni tatacudpolaille, Martin. Il va savoir me retrouver.

Comme toujours lorsque Charles utilise des mots du village, Pierre est conquis et cette fois il éclate de rire :

– Senyoule et tatacudpolaille ! encore tes mots de San Gengou, je parie !

– Oui, tatacudpolaille ça veut dire tâtillon. Mais c'est plus joli, non ?

– Oui, c'est plus joli. Et c'est vivant, comme toi. Je crois que tu vas me manquer.

C'est peut-être à ce moment que Marie Anne jusqu'ici a été le plus proche de se laisser aller et de trahir Charles. Une envie presque irrésistible de se jeter dans les bras de Pierre. Comme ferait une petite fille dans les bras de son père. Un besoin soudain de tendresse, au moment du départ. Mais une simple accolade aurait pu laisser percevoir ses seins. Même s'ils ne sont pas spécialement volumineux, ils existent bel et bien et leur moelleux pourrait la trahir. Elle a posé sa tête contre l'épaule de Pierre. Il a mis sa main sur ses cheveux, pour une courte caresse. Comme un frère aîné ou un oncle. Pendant toutes ces semaines qu'ils ont passées ensemble, il a supporté sa présence. Il lui a accordé sa confiance et un peu d'attention, dans la mesure où son propre chagrin ne l'encombrait pas entièrement. Charles ne l'oubliera pas.

CHAPITRE 23

Guillot et sa petite bande sont donc enfin partis vers la chaîne des Albères, dans ces Pyrénées orientales qui les séparent encore de l'Espagne. Depuis le col de Panissars, ils ont aperçu pour la première fois la grande baie espagnole de l'Emporda et le golfe des Roses. Le col est lunaire. Des montagnes qui ne ressemblent en rien aux Alpes que Marie Anne connaît. Aucun arbre pour se protéger du soleil. Aucun arbre pour s'abriter la nuit, après les longues heures de marche sur la terre d'ocre et de cailloux.

Ils sont partis depuis déjà cent soixante-cinq jours lorsqu'elle arrive à Palma de Majorque le 17 juin. Elle en passera encore cent septante-trois avant que ne commencent réellement les combats. De Monthey à Barcelone, il y a huit cent sept kilomètres que l'on parcourt aujourd'hui à pied, nous dit le calculateur d'itinéraires en cent soixante-huit heures, soit en vingt-quatre jours si l'on marche sept heures par jour. Ils ont voyagé en char, en barque et à pied. Cela aurait dû prendre moins de temps.

Je réalise quant à moi que ce chemin, je l'ai suivi plusieurs fois quand j'étais enfant. J'avais sept ou huit ans. Je ne me souviens que de la plage de sable et des rochers que je retrouve à l'identique lorsque je vais sur une carte virtuelle de la côte pour raviver mes souvenirs. Pour nous, c'était juste un lieu de vacances. Cette Costa Brava vers laquelle nous partions bien avant l'aube, avant les autoroutes aussi, qui ne traversaient pas encore la France et l'Espagne. Je me rappelle l'eau très claire près des roches et cette méduse qui s'était échouée et fondait au soleil. Elles me faisaient peur lorsqu'elles étaient dans l'eau, ces grosses méduses d'un blanc de verre poli par les galets, presque transparent. Mais voir celle-ci se dissoudre dans la chaleur me peinait et me semblait une bien triste fin.

Et Marie Anne ? Qu'a-t-elle pensé en découvrant la mer ? Qu'a-t-elle pensé en voyant l'Espagne à ses pieds ? A-t-elle poussé des cris parce qu'elle touchait au but ? A-t-elle eu un terrible sursaut d'angoisse à l'idée qu'on ne voudrait peut-être pas d'elle au service du roi ? S'est-elle simplement réjouie de reprendre ses exercices dès que la marche finirait ? S'est-elle demandé si elle reviendrait ? A-t-elle eu l'intuition qu'elle ne reviendrait pas ? On revient pour quelqu'un ou pour quelque chose.

La marche est longue et souvent silencieuse. Il lui arrive encore de chercher Pierre, derrière elle ou devant. Elle ne se dit pas qu'il lui manque. Elle pense à lui souvent. Il était là et il a pris une autre direction. Jamais Marie Anne n'a imaginé que quelqu'un pourrait modifier le cours de sa vie pour elle.

Je commence à discerner Charles, mais Marie Anne reste opaque. Depuis peu, pourtant, je reconnais par instants dans son énergie quelque chose qui m'appartient. Et qui m'attache à elle. Mais c'est à peu près tout. Marie Anne a seize ans et quelques mois maintenant. J'essaie de la comprendre. Mais une fois encore, ces deux cent cinquante ans qui nous séparent m'empêchent de la rejoindre intimement.

Et comme toujours lorsqu'elle s'éloigne de moi, je repars vers mes questionnements. Marie Anne est un personnage et Charles est une personne, qui a vécu, qui a existé et pensé. Je peux bien inventer Marie Anne mais je veux trahir Charles le moins possible. C'est une étrange réticence que je ressens. J'aime à citer les lettres de Pierre d'Odet, pour le faire vivre au plus proche de lui-même, lui qui nous a transmis ce qu'il ressentait. Je suis proche de Martin, je le laisse vivre comme il le veut, sans scrupule. Va-t-il vivre ou mourir ? Sera-t-il courageux ou pleutre ? Abandonnera-t-il le récit en route ou aura-t-il le dernier mot ? Je ne sais pas encore. Il me guidera. Marie Anne reste une étrangère. Blottie quelque part dans mon cœur, elle me fausse compagnie chaque fois qu'elle le peut. Et puis cette fichue époque que je ne connais toujours pas autant que je le voudrais et qui résiste aussi : les chemins, les paysages, les gens, la nourriture, les langues et patois, les accents, la culture… Toujours et encore l'élan du récit arrêté pour vérifier une dernière fois un nom, une date, un lieu. Apprendre, s'étonner, décider de ce qui sera important ou ne le sera pas. Ne pas se tromper sur l'époque. Trahir volontairement, peut-être, mais pas par ignorance.

CHAPITRE 24

Depuis quelques semaines maintenant, ils cheminent en Espagne. Dans la descente vers Callela, avec la mer à l'horizon, sous le soleil ardent et dans la végétation sablonneuse, d'autres soldats marchent auprès de leur groupe. D'autres petites troupes se sont déjà retrouvées, comme eux, au col. C'est comme ça les cols, vous pouvez marcher pendant des heures en solitaire sur des routes de montagne et ne croiser personne ; au col, il y a toujours quelqu'un. Ils sont plus nombreux maintenant. Quand ils parlent la même langue, ils échangent quelques mots. Ils ne forment ensemble ni fleuve ni rivière. Plutôt, sur cette descente, une sorte de dégringolade, des éboulis de soldats qui se dirigent vers Barcelone où ils vont embarquer. Pour servir et combattre. Cela fait deux ans déjà que la France a renouvelé son alliance avec l'Espagne, avec en ligne de mire la reprise de Minorque parmi leurs principaux objectifs communs. Parce que l'île abrite une « flotte florissante » de corsaires auxquels le gouvernement britannique donne le droit de saisir tous les navires marchands qui pourraient faire affaire avec les ennemis de l'Angleterre. Comme les Français, donc, et les Espagnols.

Charles ne le sait pas mais depuis le printemps, l'invasion de Minorque est planifiée par Don Luis Berton de Los Blats, duc de Crillon. Pour ce faire, des hommes se rendent de partout vers Madrid et vers Barcelone. Pendant que d'autres, Français ceux-là, vont quitter Brest pour venir jusqu'en Méditerranée fournir une protection à la flotte d'invasion.

Il y a de plus en plus de soldats sur les routes catalanes. Et c'est désormais une vie différente que vit Marie Anne. Beaucoup sont malades et meurent en chemin. Tous continuent à prier dans les églises qui ponctuent la route. Aux soldats se mêlent les marchands, les habitants des lieux et les pèlerins qui se rendent à Compostelle.

Dans ce pays très catholique, les croyances sont partout. Comme celle de ce coq qui aurait sauté de la broche où il rôtissait, retrouvant sa tête au passage et s'en serait allé chanter sur la table où il devait être mangé, pour avérer la résurrection d'un pendu et son innocence confirmée par ce miracle animalier ! Ou ce Christ de Burgos, au couvent de Saint-Augustin, si réaliste qu'il sue et qu'on lui coupe régulièrement les ongles des pieds et des mains. Et toutes ces églises dans lesquelles résonnent les cloches offertes aux villes et villages par les différents rois, du Portugal, d'Espagne ou des Français. Dans l'une d'elles, ce dimanche, Charles assiste à la bénédiction des *obladas*, ces pains des trépassés que confectionnent les femmes et que l'on donne aux pauvres en mémoire des défunts. Charles se tient dans le *pulpito*, une galerie haute au fond de l'église, avec les hommes et le magister qui y chante. Son regard se perd dans les nattes noires et épaisses des femmes accroupies, dans ces églises qui ne possèdent pas de bancs pour elles.

Avec Charles, je traverse les villages déjà écrasés de soleil en cette fin de mai 1781. Avec lui, je m'assieds pour un bouillon de fèves et du bon pain à la croûte blonde et moelleux à cœur. Je partage sa surprise lorsqu'il découvre ce beurre, servi dans une enveloppe de peau, comme on fait du boudin. Même si le plus souvent c'est dans l'huile d'olive qu'il trempe son pain car le beurre est très cher. Lorsqu'il dort chez un habitant, il s'étonne de voir que les bœufs couchent près d'eux, séparés des hommes par une simple planche, et les cochons, eux, libres de « battre la patrouille » dans les recoins de la maison. En ville, lorsqu'il lève les yeux, il aperçoit les nids de cygnes au-dessus des clochers. Et dans l'église où il se rend le dimanche avec sa petite troupe, remarque-t-il la présence de ces jeux d'anches qui dépassent des façades de l'orgue, donnant l'impression que ses tuyaux sont horizontaux plutôt que verticaux ?

Les jours de marche se ressemblent. Les hommes de la troupe hèlent parfois une belle Espagnole, serrée dans un corset rouge ou bleu passé sur sa chemise de marinière pareille à celle des hommes. La chaleur se fait de plus en plus dense dans cette fin de printemps catalan. Une chaleur comme Charles n'en connaît pas et qui dans un premier temps freine son désormais légendaire allant naturel. Charles est écrasé par le climat. Les pauses se font parfois à l'ombre de cet âne un peu famélique qui les accompagne depuis peu, mais le plus souvent dans la brûlure du soleil. Il y a deux jours,

Jakob est mort, laissant son ami Hans complètement hébété. Avec la mort de l'un, ce sont leurs deux rires qui s'arrêtent. Comme tant d'autres dans le siècle, il est sans doute mort de la variole. Ils sont soixante millions dans toute l'Europe à en mourir au XVIIIe siècle. Depuis 1720, la peste ne tue plus et il faudra attendre 1821 pour que frappent les premières grandes épidémies de choléra et de fièvre jaune. Cent ans de parenthèse sans grande épidémie. Il n'empêche, toutes sortes de fièvres et de débâcles organiques attaquent ceux qui arrivent dans ce sud de l'Europe. Partir en Espagne à cette époque, c'est s'exposer à des maladies de climat comparables à celles qui guettent aujourd'hui ceux qui partent dans des pays tropicaux. Sans toutefois les médicaments qui protègent de nos jours la grande majorité des voyageurs.

Ils se demandent s'ils atteindront jamais leur but. Malades comme ils sont. Subissant débâcles du ventre et de l'estomac. Parfois, parce que la chaleur brûle, ils se trempent tout habillés dans un ruisseau ou un petit lac. Le plus souvent pourtant, ils se méfient de l'eau. Surtout de l'eau stagnante. Ils la savent dangereuse. Oui, il y a beaucoup de morts sur les routes d'Espagne. De maladie, de faim, des suites de bagarres. Lorsqu'ils s'arrêtent, Charles poursuit sa quête du maniement des armes. Il a découvert là des moments de solitude qui le rendent à lui-même. Le rendent n'est pas juste. Le découvrent à lui-même. Le petit Charles est pressé d'arriver. Pressé d'être incorporé pour de bon dans la grande armée espagnole. Charles veut servir absolument. Je crois qu'il faut le prendre au sens d'être utile. Il a du respect pour son ennemi. Il le répétera à plusieurs reprises sur le champ de bataille: «Les Anglais sont courageux, à nous de l'être aussi!» Pense-t-il à sa mort? Comprend-il bien qu'il va tuer des gens? Toujours les mêmes questions. Je viens de lire dans un texte qui parle de santé et d'hygiène à la fin du XVIIIe siècle que l'espérance de vie y est d'un peu plus de vingt-sept ans pour les hommes et vingt-huit ans pour les femmes. Lorsque j'ouvre mon journal quotidien à la «page des morts», je regarde les âges. L'idée d'une mort jeune était-elle moins grave qu'elle ne l'est aujourd'hui? Avec des certitudes et des craintes concernant l'au-delà qui donnaient à ce qu'on faisait de sa vie plus d'importance qu'à sa durée? On ne cesse de parler aujourd'hui de vie bonne, de vie dense, de vie qui a du sens. Il n'empêche, on ne veut pas d'une vie courte. Au temps de Charles, dans cette fin du XVIIIe encore truffée de maladies, de misère, d'injustices et de guerres surprises ou déclarées, la mort était-elle une compagne beaucoup moins angoissante qu'elle ne l'est aujourd'hui ? Il a eu tant de tristesse à celle de Philippe et tant de mal à l'accepter qu'il en a voulu à Dieu, à Jésus et même à Marie de n'avoir pas su le protéger. Il leur en veut et peut-être qu'il ne les respecte plus tout à fait autant qu'il le devrait. Mais cela ne l'empêche sans doute pas de croire. Charles est chrétien, apostolique romain. C'est à cette condition seulement qu'il a pu s'engager. L'Espagne de l'époque est fervente. Dieu est partout et partout on s'adresse à Lui.

À l'approche de la garnison, ils ont de plus en plus souvent accès à des dortoirs. Du corps entier ils ne lavent que ce qui dépasse et se voit. La main droite lave la gauche, la main gauche lave la droite, et les deux mains aspergent le visage. Leurs vêtements, au sens propre et avec la saleté qu'ils transportent, leur collent à la peau. Ils défèquent et pissent en se déboutonnant, sans ôter leurs habits. Ces habits de tissu âpre et dru qui râpe la peau et sans doute la crasse, aussi, de l'intérieur. Leur capitaine contrôle chaque matin de manière maniaque la perfection de leur coiffure. Ils tressent leurs cheveux avec un très grand soin. Mais ils ne les lavent jamais. Ils ne se brossent pas les dents. Au fur et à mesure que des soldats arrivent de toutes parts, je me sens prise au nez par les odeurs de la route. Dans cet esprit du temps, que je tente d'apprivoiser, les odeurs doivent avoir un impact que j'approche avec prudence. Ils sont plusieurs milliers de soldats dans les camps et les garnisons qui entourent Barcelone. Ils dorment avec leurs vêtements, ils transpirent dans leurs vêtements, ils sont malades dans leurs vêtements. S'ils ne s'essuient pas le nez dans leurs manches, c'est pour la simple raison qu'on y a cousu des boutons, destinés à les écorcher s'ils se risquent à le faire. Mais leurs fesses collent au tissu des culottes et le surplus de crasse s'accroche dans les plis des tissus rugueux.

Je respire l'odeur des lieux clos dans lesquels ils passent. L'odeur de la saleté et l'odeur de la mort qui se vautrent partout. Je sais que les odeurs sont des particules que l'on respire et qu'on avale. Je cesse de respirer en lisant les récits de toutes ces puanteurs. Je sens aussi l'odeur des maladies. Des fièvres à répétition au cours de ce long voyage jusqu'en Espagne, puis de la frontière jusqu'à Barcelone. Et mes questionnements me reprennent. À quoi donc pense Charles au cours de ce voyage ? A-t-il des moments de découragementment ? Comment fait-il pour ne jamais se trahir ? Et de mon côté, malgré mes incessantes lectures, combien d'erreurs ai-je déjà faites ? Qu'est-ce que cela changera que tout soit juste ou pas ?

Charles est fatigué. Ils le sont tous. Il a peur que sa mystification soit découverte et doit pour cela continuer à en faire un peu plus que les autres. C'est écrit, notifié, répété sur les deux seules pages qui constituent historiquement le récit de sa vie. Charles en fait systématiquement plus que tous les autres. Histoire connue des femmes, vraie souvent de nos jours encore !

Voilà qu'à nouveau, Marie Anne et Charles ont disparu. Je lis, je cherche des informations. À propos de l'Espagne, à propos de ce trajet qui mène à Barcelone. Sur cette guerre que les puissants mijotent pour leurs soldats. Je trouve des événements dont je ferai bien mon décor. Comme ces épidémies de fièvre jaune… Arrivée par Lisbonne, sans doute depuis Cuba, elle va toucher régulièrement l'Espagne. Ça commence par quelques vomissements, puis la rumeur en marche annonce les premiers morts, fièvre, douleur, jaunisse puis mort rapide et sûre. Très grande épidémie de choléra, aussi, le mal noir qui dessèche les corps en quelques jours : diarrhées aqueuses mais sans douleur, selles riziformes, nausées, vomissements. Autrement dit encore et plus précisément : toxi-infection entérique épidémique et contagieuse dont la contamination est oralo-fécale. Une grande traversée pleine de merde et de morts, avant même le champ de bataille ! 20 000 morts sur 122 0000 habitants pour la seule ville de Barcelone. Une hécatombe qui sera suivie de cinq autres vagues : une aubaine romanesque ! Mais qui, de même que la fièvre jaune, ne touchera l'Europe qu'au XIXe siècle, lorsque ma Gingolaise sera déjà morte et enterrée depuis quarante ans très exactement. Comme la tuberculose d'ailleurs, qui ne frappera elle aussi vraiment que des années plus tard. Et puis cette réflexion qui m'assaille : Marie Anne a vécu au milieu de cent ans d'une relative paix sanitaire. Ils avaient peut-être retrouvé confiance après les grandes pestes. Convaincus que rien de cela ne se reproduirait plus. Un peu comme nous au siècle dernier. Juste avant le SIDA qui a fait entre trente et quarante-huit millions de morts en un peu moins de quarante ans. Et notre récente covid, de sept à dix-sept millions de morts, selon les sources, en trois ans. À la fin du XVIIIe siècle, les grandes épidémies ne sont plus à leurs portes, et les grandes catastrophes suivantes ont attendu le XIXe siècle pour refaire des ravages. Et ne feront donc pas partie de mon récit.

Je découvre malgré tout une épidémie de dengue en Espagne en 1778. De fortes fièvres, des courbatures dans les membres et des douleurs rétro orbitaires, des nausées et des ganglions gonflés. Et puis il reste la rougeole et la variole surtout. À cette époque, 93 % de la population a été touchée par cette dernière, qu'on nomme aussi petite vérole, c'est pareil. La grande vérole étant l'autre nom de la syphilis. Il faut les voir tous ces gens qu'on croise en chemin, avec leur tête couverte de pustules ou de cicatrices ! La variole, une pathologie infectieuse et très contagieuse due à un virus résistant. Mais une seule infection nous immunise toute la vie. À l'époque de Marie Anne, elle tue en moyenne un enfant sur huit ou sur dix. Avant d'être entièrement éradiquée au XXe siècle grâce à la vaccination, elle a encore causé entre 300 et 500 millions de décès. Ça commence comme les deux autres fièvres, la jaune et la noire : fièvre, courbatures et nausées, avec de forts maux de tête en plus. Puis apparaissent les lésions qui ressemblent à de petites bulles de verre qui se remplissent de liquide sous la peau. Et qui vont devenir ulcéreuses et croûteuses. Dans la variole, l'éruption se fait d'un seul tenant et les lésions ont donc toutes le même âge. Les voilà ensuite qui se surinfectent, se remplissent de pus et l'on meurt de septicémie. Le pus dans la grande chaleur espagnole. Une odeur à ajouter à toutes les autres.

À propos de variole, j'apprends au passage que le terme « vaccin » vient du mot vache, par l'intermédiaire de la vaccine, une maladie qui touche le lait et les pis de celle-ci. Je m'étonne aujourd'hui de n'avoir jamais fait le rapprochement, moi, pourtant, si férue d'étymologie.

Quelle belle histoire que l'invention d'un vaccin ! Mais celui-ci, testé et mis en œuvre par Jenner, n'apparaîtra lui aussi qu'au XIXe siècle et me laisse sur ma faim.

À chercher un décor, me voilà baignant dans les miasmes et les gémissements. Comment diable faisait-on pour tomber amoureux dans un tel jus puant ? Pourtant le XVIIIe siècle, c'est aussi le temps des *Liaisons dangereuses*. Qu'aurait pensé Laclos du petit Charles ? Lui qui écrivait son roman épistolaire pendant cette année même où Marie Anne se faisait enrôler sur les routes d'Espagne.

Cela dit, si j'imagine leur bouche, leur peau, leurs cheveux pleins de poux et crasseux, ceux d'entre eux qui étaient beaux comme des dieux ne devaient pas l'être très longtemps. Et leur espérance de vie est si courte: vingt-sept ans et demi! Presque quatre fois moins que la nôtre. Jusqu'à ce jour, je ne me suis pourtant jamais vraiment projetée dans ce que cela changeait, entre eux et nous. À l'époque de Marie Anne, partir à la guerre à vingt ans et risquer de mourir c'était potentiellement risquer une part de sa vie globalement très brève. Au XVIIIe siècle, lorsque l'on dépassait un an, on faisait partie d'un tiers chanceux, puisqu'un enfant sur quatre ne vivait pas plus de douze mois. Au point que très souvent, d'ailleurs, on n'enregistre pas officiellement le décès des enfants. En France, près d'un enfant sur deux meurt avant cinq ans. Après la surmortalité des premiers jours et de la naissance viennent les maladies; gastro-entérites, maladies respiratoires, variole, rougeole et dysenterie. En été, les diarrhées et en hiver, les pneumonies emportent les enfants épargnés par les accidents. Les enfants sans père, ceux de mères célibataires comme ceux des veuves, passent rarement le cap de la première année. Entre 1770 et 1779 à l'orphelinat de Rouen, ils sont ainsi 946 sur 1000 à mourir.

Confite d'effluves nauséabonds, d'exhalaisons, de pus et de papules, je m'en retourne vers ma Gingolaise avec un brin d'admiration anachronique en prime pour son allant et son courage de vivre avec un tel élan joyeux dans l'air si vicié de son temps.

Marie Anne est enfin arrivée à Barcelone.

CHAPITRE 25

À Barcelone, on a fait monter Charles sur le socle en bois sombre de la toise. Les talons alignés, le dos droit et la tête haute, il s'est redressé autant qu'il pouvait, il a respiré largement, comme pour déplier sa colonne vertébrale et se grandir le plus possible. Derrière lui, sur la tige, gravés dans le laiton, les centimètres affichés sont intraitables. Il a grandi un peu, mais pas assez. À nouveau, il est refusé. On ne veut pas de lui dans l'armée officielle du roi d'Espagne.

Charles embarque pourtant pour Palma de Majorque où il arrive, c'est attesté, le 17 juin 1781. Sans doute est-il parvenu à s'y rendre par la grâce de son capitaine. Convaincu que Charles continuera de grandir, il a accepté de le garder jusqu'à ce qu'il ait atteint cette taille butoir qui fera office de sésame.

À Majorque, Charles est à nouveau reconnu pour son enthousiasme et son extraordinaire endurance. Il engage les troupes à être positives, à ne pas oublier que faire partie du régiment de Betschart est un honneur. Qu'il faut en être digne. Pour ses supérieurs, l'entrain sans faille de Charles est une bonne fortune. Les Suisses ne sont pas très aimés dans cette Europe du XVIIIe siècle. Au début de ce siècle, les peuples sont éreintés par les nombreux conflits menés par Louis le quatorzième et l'opinion publique ne veut plus de la guerre. C'est à ce titre que les mercenaires suisses sont d'abord mal vus. À la fin du siècle, sous Louis XVI cette fois, une paix relative règne depuis deux décennies et le goût des combats revient. Mais il s'agit d'y faire preuve de panache et d'élégance. D'y déployer un prestige de parade inédit, auquel les Suisses n'appartiennent pas. C'est alors non plus pour ce qu'ils représentent qu'on les méprise, mais pour eux-mêmes et pour ce qu'ils sont. On les trouve dépourvus de finesse, on se moque avec dédain de leur lourdeur et de leur sérieux.

Charles les pousse au courage et à la fierté. Rien ne l'arrête, rien ne le fatigue, rien ne le retient. C'est sans doute pour cela que son capitaine le garde près de lui, en dépit du fait que l'armée du roi n'en veut pas et que, dès lors, il ne rapporte rien. Malgré le refus qu'il vient d'essuyer auprès des autorités militaires de Barcelone, son capitaine lui permet de suivre les entraînements. Il s'est attaché à ce jeune soldat qui ne demande rien pour lui, qui donne et se donne sans compter.

Au sein des garnisons, les soldats se sont engagés, si ce n'est par familles, comme c'était le cas chez les Romains, du moins par lieux d'origine et par affinités. Dans cette manière de combattre où personne n'est spécialisé, où tous sont armés de la même manière et font les mêmes gestes en même temps, dans ce siècle où les automates fascinent et où les soldats sont entraînés à leur image et dressés d'après leur modèle, l'esprit de corps est vital. Sur le champ de bataille, on avance presque au coude à coude, par rangées unies, chaque mort aussitôt remplacé. On avance lentement. Il faut garder la ligne sur n'importe quel terrain, en passant sur les corps de ceux qui viennent de mourir et qui ralentissent l'avancée.

Pour le moment, Charles ne fait encore que s'entraîner, mais son engagement sans faille lui permet d'appartenir à un corps, son enthousiasme exceptionnel lui permet de s'y distinguer.

À la demande de Charles, son capitaine écrit une première lettre de soutien à l'intention du sous-inspecteur de l'armée royale. Qui la refuse sans façon et avec détermination. Encore un refus, si semblable à celui qu'on lui opposa à Monthey quelques mois plus tôt! Je voudrais la voir au combat. Je suis impatiente qu'elle retrouve Martin. Il la redécouvrira avec des yeux neufs, me soufflera plus précisément ce qu'elle est devenue. J'ai hâte aussi d'arriver à sa mort et à ce qu'on fait d'elle, cette récupération que j'exècre. Mais je dois avant cela franchir avec lui toutes les étapes qui mènent à son enrôlement, patienter dans ces camps où le temps se dilue, attendre avec lui dans ces garnisons espagnoles écrasées de chaleur et d'ennui.

Charles s'obstine donc. Il obtient de son capitaine une seconde lettre qu'il amènera lui-même de Majorque à Barcelone, à ce sous-inspecteur chargé de son engagement. En ce début de juillet 1781, il refait donc une fois encore le chemin de la plainte et de l'exhortation. Il est sur le bateau qui le ramène à Barcelone. Lorsqu'il est sans ses camarades, il est seul. Complètement. Est-ce à cause de sa mystification ? Se savoir autre que ce qu'on prétend être rend la solitude profonde sous la surface mensongère. Un secret pareil ne se partage pas. Pas de brèche possible dans ce mur simulacre. La moindre fissure ferait exploser l'édifice. Comment Marie Anne vit-elle cette imposture ? Ressent-elle par moments, même très brefs, des montées d'allégresse à l'idée de les leurrer tous ? Avant que d'être un homme ou une femme, Marie Anne veut maintenant être un soldat. C'est à ce titre qu'elle gagnera sa vie. Un peu moins que les autres puisque dans ces armées, sa taille détermine la hauteur de sa solde. Dans son groupe maintenant, on la chicane encore un peu sur ses difficultés d'enrôlement, mais on ne se demande plus qui elle est. C'est un bon petit soldat. Son zèle dérange certains. Sa bonne humeur fait parfois soupirer. D'autres raillent son sérieux ; pas de beuveries, pas de coucheries connues, pas d'indolence. Dans l'ensemble, pourtant, ceux qui la connaissent la respectent. Sur ce bateau toutefois, hors de la protection du groupe, sans être sur le qui-vive (ce serait imprudent !) Marie Anne va se rendre transparente. Lorsqu'il le faut, elle sait le faire. C'est une pratique qu'elle a dû mettre en œuvre parfois, lorsqu'elle était enfant. Disparaître même en étant là. Pour ne pas recevoir les foudres de son père. Elle serre dans la poche de son gilet le billet de son capitaine. Elle ne parle pas. Elle ne se lie pas. Elle garde ses forces pour la bataille administrative qui va s'engager. Ce sera la dernière. Si elle la perd… Mais elle ne veut pas imaginer cette défaite ! Elle va trouver la force de convaincre. Elle n'a pas d'autre choix. Depuis six mois qu'elle est au sein du même groupe, elle a pris confiance en eux tous. Pourtant, il lui manque un ami. Du moins quelqu'un de plus proche que les autres. Pour se protéger de l'envie de se confier. Cela semble contradictoire mais c'est pourtant ainsi. Au sein de sa garnison, Charles est un peu comme le cœur de celle-ci. Un cœur bat de lui-même à l'axe du corps, sans passer par un ordre que donne le cerveau. Charles ressemble à cet organe dans le groupe de soldats. Aujourd'hui, dans cette traversée, l'isolement l'écrase. En lui, Marie Anne s'invite à nouveau et le fait trembler. Comment va-t-il s'y prendre face à ce sous-inspecteur strict et sans empathie ? Que deviendra-t-elle à Barcelone si on ne veut pas d'elle ? Que deviendra Marie Anne si on la prive de Charles ? Après tous ces mois de voyage, de fatigue et de dangers ? Marie Anne a eu si peur il y a quelques semaines lorsque son ventre l'a trahie. C'était au passage du col, juste avant la frontière. Des flots de merde qui ont inondé ses vêtements. Incontrôlables deux jours durant. Elle a cru qu'elle allait mourir. Et les autres qui voulaient lui porter assistance. Et elle, si faible qu'elle a craint pendant quelques heures de ne pas avoir la force de s'opposer à leur aide. Heureusement, ils sont tous aussi tombés malades peu de temps après elle et cela l'a sauvée. Puis Jakob est mort et l'on n'a plus fait cas d'elle.

Parfois, elle pense à Pierre. Il ne la jugeait pas. Son mélange de silence et de plainte lui manque.

Déjà le port catalan est en vue. Elle aperçoit les hautes églises qui ponctuent la ville comme pour reprendre le rythme des collines qui la ceignent et la parent. À droite le phare, et cette digue récente vers laquelle s'échouent sable et sédiments qui formeront plus tard le quartier de Barcelonetta. Et, devant elle, la citadelle militaire où elle va se rendre.

Débarquée sur le port, Marie Anne a pris la lettre à deux mains. Elle ferme les yeux le temps d'une respiration courte mais profonde, qui la ravitaille en aplomb et en témérité. Partout autour d'elle, les langues s'entrechoquent. Français, espagnol, allemand et catalan. Même le français d'alors est multiple. Comme c'est aussi le cas au pays, où le patois du Val-d'Illiez – ils sont très nombreux à en être issus, dans le régiment de Courten notamment, et elle vient de le reconnaître en passant – n'est pas celui de Lausanne, ni bien sûr celui de Bulle, du Bas-Valais, de Sion ou de Haute-Savoie… Il y a des moments de bruit et de rumeur sourde dans lesquels les langues se mélangent. Des moments de silence aussi, au milieu d'une attente. Charles ne sait pas lire. Ni écrire non plus. Le plus souvent, ses journées il les passe à faire des exercices. Il exécute les ordres auxquels on le soumet. Il prie aussi parfois. Parce que sous ce soleil écrasant et dans ce catholicisme partout présent, on ne peut pas vraiment mettre Dieu de côté, Le tenir à distance. D'autant qu'elle ne peut pas se permettre de s'aliéner quelque allié que ce soit. Même potentiel. Marie Anne a appris à se tenir debout. Fermée aux injures, au rejet et à l'indifférence pendant tellement d'années, elle sait qu'elle a trouvé sa place. Elle ne la lâchera plus. Le présent lui suffit, qu'elle ne remet presque jamais en question. Quand on complimente Charles sur sa persévérance et sur sa résistance, elle lâche un peu du fard énergique et gai dont elle s'est recouverte. Elle parvient à voir les autres.

Les encouragements qu'elle prodigue aux autres ne sont pas feints. Elle n'a pas avec eux de grande proximité, mais elle sait reconnaître le moment précis où l'autre va flancher ou se perdre, et le rattraper. Sans le savoir vraiment, c'est une des choses qu'elle a apprises dans cette longue descente vers le sud.

Marie Anne n'est donc pas, comme l'était Pierre, d'une nature angoissée. Aujourd'hui pourtant, elle a peur d'échouer. Jamais enfant, dans ses montagnes natales, elle n'avait rêvé d'un destin pareil. Elle n'a personne à perdre. Pas même elle-même qui n'existe plus que sous l'identité d'un jeune homme qui n'existe pas. Mais elle ne retournera pas à la vie d'avant, c'est la seule chose qu'elle sait. Elle a dans son cœur quelques morts qui la portent. Mais leur souvenir s'estompe. Son combat et ses rêves à lui sont maintenant devenus sa réalité à elle. Elle craint les conséquences qu'engendrerait la découverte de sa féminité. Elle continue donc à en faire plus que les autres. Pour que celle-ci ne soit pas même envisageable dans ce monde d'hommes où le courage et la ténacité sont des qualités qu'ils s'attribuent à eux, exclusivement.

Elle que son hameau avait condamnée à la médiocrité, la voilà condamnée à l'excellence. C'est une condamnation plus gratifiante. Elle y a pris goût. Et maintenant, elle veut aller plus loin et se montrer forte au combat. Elle va donc se battre une dernière fois pour obtenir ce qu'on s'acharne à lui refuser. Je vois que sa liberté, bien loin de toutes les nôtres aujourd'hui, n'en reste pas moins effective. Pour dormir, lorsqu'elle est loin de la garnison, comment s'y prend-elle ? Le monde militaire de l'époque est-il simplement plus perméable que je ne le pense ? Pas de papiers, sauf ceux qu'on lui a faits en l'engageant, sur la seule base de ce qu'elle affirmait.

Et la voilà à nouveau confrontée à ce sous-inspecteur qui ne veut rien entendre et dont la décision depuis plusieurs semaines semble définitive, irrévocable. Pourtant, aujourd'hui, elle a des recommandations de supérieurs qui la soutiennent. Pourquoi donc cette obstination à la refuser ? Cette fois, je me demande avec elle pourquoi on ne veut pas d'elle. Son capitaine écrit pour dire combien Charles est irréprochable et enthousiaste. Le petit soldat a fait ses preuves. Est-ce par peur de payer quelqu'un qui n'en vaudrait pas le prix ? Est-ce uniquement parce que c'est le règlement et que dans l'armée, aucune exception n'est de mise ? Est-ce une question d'image ? Un soldat trop petit donnerait-il à l'ennemi un message négatif? L'idée que l'on en est venu à prendre n'importe qui parce qu'on est aux abois? Ou Marie Anne a-t-elle à nouveau simplement affaire à un homme qui ne change pas d'avis lorsqu'il a pris une décision? Si le capitaine de Charles s'est donné la peine d'écrire par deux fois, c'est d'une part qu'il pensait qu'il avait une chance de convaincre, et d'autre part surtout qu'il pensait que Charles en valait la peine. Et puis enfin, pourquoi, comme à Monthey six mois plus tôt, ce sous-inspecteur va-t-il finalement céder aux supplications de Charles? On sait tous que souvent, l'insistance ne paie pas, qu'elle peut s'avérer contre-productive. Mais peut-être n'ai-je en tête que des insistances plus dérisoires?

Marie Anne s'est-elle mise à genoux devant le sous-inspecteur? L'a-t-elle supplié en joignant les mains? A-t-elle au contraire utilisé des arguments de soldat? Jarret tendu, pointe du pied un peu baissée et légèrement en dehors cependant que le corps reste droit et les épaules parallèles à leur axe. A-t-elle exécuté une brève chorégraphie militaire: pas oblique à droite ou à gauche, pas de ronde et pas cadencé et les pieds tournés en dehors? Dans ce temps où, sous l'influence de la danse propre aux élites, on allait jusqu'à porter des mollets postiches pour paraître plus musclés? Élégance nonchalante à la française, contre la rigueur prussienne et la lourdeur paysanne. En cette fin de siècle, au contraire des Allemands, et sans doute pour se distinguer d'eux, les Français ne veulent pas de ces soldats machines. Lorsqu'ils adoptent le pas cadencé, ils lui intiment un autre rythme. Ainsi de 1753 à 1790, on passe de soixante pas/minute à septante-six. Pour plus de légèreté, et pour accroître la vélocité des soldats. Et aussi parce que les Français défendent ainsi leur tempérament national vif et impétueux. Sur les quais de Mahon, je me suis efforcée de marcher à ce rythme. Essayez, vous verrez, c'est incroyablement lent! Pourtant, les bataillons suisses parlent alors de bouffonnerie, génératrice de désordre. Ils sont connus pour résister à ce souci d'élégance, plus désinvolte et surtout plus leste. Marie Anne a-t-elle adopté ce pas dansant à la française? Ou est-ce au contraire cette rigueur helvétique acquise au cours de ces mois de voyage qui lui a permis de convaincre? Je suis à nouveau dans le doute et la perplexité. Il y a toujours une part de moi qui pense que c'est de guerre lasse que l'on finit par lui céder.

Dans l'article paru peu de temps après sa mort – mon texte source –, son dernier engagement est décrit de la manière suivante:

«… touché par la grande passion qu'elle démontrait à l'égard du service du roi et de cette couronne et vu sa vivacité, sa prestance et son âge et le fait qu'elle avait grandi jusqu'à atteindre 5 pieds et quelques lignes il accepta son admission et elle arriva à temps pour s'embarquer et s'incorporer au régiment; son admission imprévue et son embarquement accéléré lui permirent de se soustraire à l'examen indispensable du chirurgien». Une histoire qui se répète à l'identique ou presque ne peut que me paraître suspecte. C'est la seconde fois en six mois qu'on lui refuse son engagement et la seconde aussi qu'elle semble faire appel à la même technique d'évitement, ou presque, pour échapper au médecin de l'armée. A-t-elle vraiment l'intelligence de convaincre juste au moment où il le faut? Que se serait-il passé si le sous-inspecteur avait dit oui tout de suite? Les contrôles médicaux n'étaient-ils simplement pas aussi systématiques que le chroniqueur d'alors veut nous le faire croire?

Sur son bateau de retour, Marie Anne sait qu'il lui reste un dernier examen, une dernière épreuve, avant d'être définitivement incorporée à Majorque.

CHAPITRE 26

À mon grand soulagement, Martin est arrivé à Barcelone la veille. Est-ce vraiment pour retrouver Charles, comme il en est maintenant convaincu, qu'il a entrepris ce si long voyage ? N'y a-t-il pas toujours une multitude de raisons qui nous poussent à prendre ce qu'on nomme communément de grandes décisions ? Une multitude de hasards, peut-être aussi d'enchaînements, d'opportunités, qui le permettent ou pas ?

Après le départ de Charles, Martin a continué à penser à lui. Souvent et intensément au début, puis un peu moins au fil des jours qui passaient. Comme c'est souvent le cas. Et surtout lorsqu'on est si jeune. L'arrivée de cet ami brièvement débarqué dans sa vie comme on tombe du ciel, puis son départ précipité, et cette force de conviction quasiment magique qu'il avait déployée pour convaincre Fragnière ! Tout cela avait fait de lui aux yeux de Martin un jeune homme prodigieux. Pendant quelques semaines, il a voulu le suivre, partir lui aussi à tout prix. Puis, son quotidien confortable a repris ses droits. Il a fêté ses seize ans au début du printemps. Il s'est finalement décidé pour un métier du bois, et il a commencé un apprentissage chez un voisin ébéniste qui crée et fabrique des meubles de prix, destinés aux plus belles chambres des plus belles demeures à la fois de Monthey et des villes alentour. Martin a su tout de suite que ce métier lui plaisait. Il a aimé l'affleurage, le chantournage, le placage et par-dessus tout, le travail de fignolage des moulures au tarabiscot, auquel il avait le droit de s'exercer sur des chutes de bois. Son maître était content de lui, de son application et de son sérieux.

Mais le vieil ébéniste est mort quelques semaines seulement après l'arrivée de Martin. Une inflammation dans le ventre, quelques jours de douleurs violentes et il était parti. Martin est resté sans guide, à pleurer ce vieux maître qui lui convenait si parfaitement. Sa disparition a laissé Martin sans élan, incapable de chercher un nouvel emploi. Plongé dans une impression de défaite que souvent cet âge exacerbe. C'est alors qu'Isaac de Rivaz, que le père de Martin revoyait encore parfois, a annoncé sa visite prochaine. Une visite dont Martin s'est réjoui malgré son chagrin, tant Isaac de Rivaz débarque toujours dans leur quotidien comme une salve de pétards colorés et grondants.

Ce soir-là, c'était un mardi du mois d'avril 1781, Isaac était accompagné d'un ami. Un homme un peu âgé, selon l'avis de Martin en tout cas, habillé avec soin et d'une élégance précieuse qui détonnait dans le salon cossu mais peu chichiteux des parents de Martin. Il portait un frac bleu canard, un jabot à dentelles, des bas blancs et des chaussures noires ornées de grandes boucles carrées en argent. C'étaient de beaux habits, incontestablement, mais le jabot, mal ajusté sur la chemise, laissait voir quelques grands plis de peau sur un cou de dindon. Des plis qui s'agitaient lorsque l'homme riait d'un mot d'esprit qu'il venait lui-même de lancer. Les dentelles de ses manches, trop longues sous la main, portaient les traces de nombreux plats en sauce dans lesquels elles s'étaient égarées. Et l'élément le plus spectaculaire de cet accoutrement contrasté résidait dans les bas blancs. Ajustés à la jambe, ils mettaient en évidence des mollets arqués et si peu saillants qu'ils faisaient penser aux pieds de cette commode que Martin n'avait pas pu terminer après le décès de son maître. Tout à sa contemplation détaillée, Martin n'avait pas entendu qu'on s'adressait à lui et c'est son père qui le fit revenir à la réalité.

– Eh bien, mon fils, qu'en dis-tu ?

Martin, ne sachant de toute évidence pas de quoi on parlait, c'est sa mère qui répéta la proposition que venait de lui faire l'ami d'Isaac, ce baron bourguignon épris d'idées nouvelles.

– Monsieur le baron te demande si tu veux bien l'accompagner jusqu'à Gênes où il doit se rendre pour son travail.

– Ce serait une belle expérience, et un voyage comme ceux dont tu rêves depuis longtemps, non ? a ajouté son père avec une pointe d'ironie que Martin a reconnue aussitôt.

– Vous êtes grand et fort, jeune homme. Je vous offre le voyage, le vivre et le couvert plus un petit pécule. En échange, vous serez mon aide. Vous transporterez mes bagages chaque fois qu'il le faudra et vous me tiendrez compagnie.

Martin a certes lu de nombreux récits de voyage et il se plaît à raconter avec fièvre les aventures extraordinaires de tous ceux qui partent au loin. Il dit les envier, vouloir un jour faire comme eux ! Mais est-il vraiment prêt à suivre leur exemple ? Ses parents savent tous deux combien Martin est attaché à son coin de pays et à sa famille et combien dès lors il serait difficile pour lui de les quitter. Son père attend la réaction de son fils avec un sourire narquois.

Martin ne répond pas. Lorsque ses pensées se bousculent dans sa tête, il sait qu'il doit les mettre en ordre avant de les laisser jaillir. Au cours de ces longues secondes d'hésitation, il comprend de manière foisonnante et dense que son départ peut devenir une réalité. Cet homme lui offre une opportunité de réaliser ses rêves. De les concrétiser.

– Martin ! tu as perdu ta langue ?

Dans le ton de son père, le doute est évident. Martin sent bien qu'il le met au défi d'accepter. Et qu'il n'y croit pas une seconde. Alors il s'exclame :

– Oui ! Oui, je vais partir avec vous !

Il a dit cela avec un sourire qui s'est élargi au fur et à mesure de ses mots. Un sourire de bravade, sur lequel se peignait une touche de saisissement, mêlé au soulagement d'avoir osé dire oui. Martin a seize ans, il n'a peut-être accepté que pour les épater, pour voir la surprise qu'il a lue dans leurs yeux, en même temps que ce regard de reproche que sa mère adressait brièvement à son père. Martin a seize ans et il est pris soudain du besoin d'être fier de lui.

– Je vais faire ce voyage.

– Voilà qui est bien, jeune homme, et je m'en réjouis, a dit le baron avec bonne humeur.

L'affaire était conclue. Même si, par après, il a douté à de nombreuses reprises d'avoir pris la bonne décision, il avait donné sa parole et il savait qu'il la tiendrait.

CHAPITRE 27

Martin est donc parti au début du mois suivant avec le baron. Il avait une besace en cuir, des habits neufs offerts par ce dernier, réalisés avec soin dans des tissus que le jeune homme avait choisis confortables contre l'avis de ce dernier qui les aurait voulus beaucoup plus chatoyants.

Au contraire de Charles, qui ne connaît sans doute toujours presque rien de ce qui l'entoure, Martin est un jeune homme curieux que tout étonne et qui observe le monde sans se lasser. Tout au long du voyage qui les a menés jusqu'à Gênes, il a fait son travail avec soin et beaucoup de générosité. Chaque soir pendant de longues heures, il a écouté le baron lui raconter la vie de sa famille. Ses enfants qu'il a élevés à la manière de Rousseau, ce philosophe qu'il appelle Jean-Jacques, tellement il aime ses préceptes et se sent proche d'eux. Contrairement à l'idée que l'on se fait, à juste titre souvent, il faut bien l'avouer, il y avait au XVIIIe des familles unies, des couples amoureux et des enfants tendrement chéris par des parents attentifs et aimants. Et le baron est de ceux-ci, qui parle inlassablement des siens et surtout, depuis cette nouvelle qui vient de lui parvenir, du bonheur extraordinaire qu'il éprouve à savoir qu'il sera bientôt grand-père. Lorsque le soir, ils ne sont que tous les deux, ce qui n'est pas fréquent vu le caractère volubile et ouvert du baron, celui-ci ajoute quelques éléments nouveaux à l'histoire en cours. Et lorsqu'au contraire quelqu'un se joint à eux, qu'ils ont rencontré en chemin, c'est la même histoire répétée, inlassablement. Alors Martin sourit, fait semblant d'écouter, et s'indigne et dénie à chaque fois que son maître dit au nouveau venu combien ce doit être ennuyeux pour ce pauvre jeune homme de l'entendre radoter toujours la même histoire. Et chaque fois qu'à loisir le baron enrobe son récit de nouveaux détails, Martin, lui, s'évade vers le sud.

Juste avant de partir, il a reçu de Charles une lettre, écrite pour lui, dit-il, par un homme qu'il appelle Pierre d'Odet. Trois lignes, pas beaucoup plus, dans lesquelles il décrit sommairement son trajet, lui dit que tout va bien et qu'il se dirige vers Barcelone.

Ce voyage imprévu il y a peu de temps encore, cette lettre de son ami qui se rappelle à lui, n'est-ce pas bien étrange que tout vienne en même temps? s'est-il dit. Martin a voulu le voir comme un signe et cela lui a donné un peu d'élan de plus au moment de quitter les siens. Il est finalement parti le cœur plus léger.

Vus d'aujourd'hui, les voyages au XVIIIe siècle nous semblent très hasardeux. Et s'il est vrai qu'ils ne concernaient la plupart du temps qu'une faible partie de la population, il n'en reste pas moins qu'il y a toujours beaucoup de monde sur les routes qui traversent l'Europe. Jusque dans le Piémont, ils ont suivi de petits convois de soldats. Au col du Grand-Saint-Bernard, ils ont dormi à l'hospice. À plus de deux mille quatre cents mètres d'altitude, depuis le tournant de l'an mil, des moines bienveillants y accueillent les voyageurs qui descendent vers l'Italie ou en reviennent. Ils y sont parvenus à la tombée du jour, après avoir failli se perdre dans le brouillard et la neige d'une de ces dernières bourrasques d'avril qui vous laisse le corps transi jusqu'à la moelle des os. Juché sur un mauvais cheval, le baron s'est à maintes reprises plaint en riant de ses fesses meurtries et de son dos cassé. Martin a fait la route sur un petit char du pays, dont il dut descendre à maintes reprises pour retenir les bagages lorsque la pente ou les rochers accrochés à l'étroite route d'Entremont menaçaient de les faire tomber. Ses pieds l'ont souvent fait souffrir mais il est plutôt fier, même s'il ne le dit pas, de sa résistance à l'effort.

À l'hospice, il s'est pris d'affection pour les grands chiens blanc et marron clair qui vivent là-haut depuis un peu plus d'un siècle. Au matin, un ciel dégagé et d'une « transparence argentine », comme s'est exclamé le baron, les a mis face au paysage glorieux de ces grandes Alpes si souvent décrites dans ses livres. Martin les connaît ces montagnes, il les voit au loin depuis son enfance, mais de se trouver au milieu d'elles et presque à leur hauteur! Il a posé sa main sur la tête d'un des grands chiens qui était venu s'asseoir près de lui et il s'est senti transporté par la beauté des lieux.

Ils ont ensuite suivi la vallée jusqu'à Aoste, puis sont descendus vers Turin où le baron s'est muni d'un bérot hippomobile, petite berline fermée à deux roues, tirée par un cheval. À cette époque, c'est ce qu'on fait de mieux pour les routes des villes et celles de la campagne. C'est ainsi qu'ils ont traversé la longue plaine du Pô, subissant les aléas de l'accueil, de la nourriture, de la diversité des monnaies, des douanes et autres procédures de contrôle. Le baron, heureusement, parlait quelques mots d'italien qu'il a transmis à Martin, ravi. Ils ont côtoyé beaucoup de pèlerins, de commerçants et de jeunes aristocrates, anglais pour la plupart, en route pour ces voyages pédagogiques sur le continent. Ils effectuaient ce Grand Tour à la mode, qui a pour but, comme on le dit dès lors, de « former la jeunesse ». C'est de leurs récits que s'étaient nourris les rêves d'adolescent de Martin et voilà qu'il les côtoyait et qu'il suivait les mêmes chemins qu'eux ! Ceux-là mêmes qu'avaient qu'empruntés aussi Montesquieu et d'Alembert, et que suivraient bientôt le marquis de Sade et Stendhal.

La route était longue qui menait à la mer et souvent le temps se traînait. Un soir, en regardant avec le baron une de ces grandes cartes que l'on commençait à trouver en chemin, Martin a réalisé que Gênes n'était qu'à quelques centaines de kilomètres de Barcelone. C'est alors qu'il a décidé qu'une fois sa mission accomplie et le baron escorté jusqu'en Ligurie, il embarquerait pour l'Espagne ! Pour ne pas rentrer tout de suite et poursuivre ce temps du voyage qu'il apprend à aimer. Et pour rejoindre son ami Charles. Un projet qui lui vient soudainement et qui prend chaque jour plus de place, dans sa tête et sa vie.

Avec ses oreilles un peu grandes et son dos peu charnu, leur bête tenait plus du mulet que du bel étalon, mais Martin s'en est occupé avec beaucoup de soin et de tendresse. C'est à lui qu'il a raconté comment il retrouverait Charles et comment il le convaincrait de rentrer au pays. Et puisque l'animal se contentait de hocher la tête sous l'effet de sa voix et de ses caresses, Martin en a conclu que tout se passerait bien.

Lorsqu'ils sont entrés dans Gênes, Martin s'est senti aspiré par la vibration de la ville, un vertige de gens bruyants et affairés, de ciels rétrécis par l'étroitesse des ruelles. Le baron s'est moqué de lui avec gentillesse, mais on voyait bien qu'il était lui aussi saisi par ces débordements urbains. Martin a pensé à ces fourmilières qu'il a souvent observées en forêt. Ce qui était nouveau pourtant dans cette image si commune et si familière, c'est qu'il lui semblait l'observer depuis l'intérieur : voilà qu'il se sentait comme au centre de celle-ci, bousculé de toutes parts par tous ceux qu'il gênait et qu'il encombrait !

Ils sont finalement parvenus là où les attendait la cousine de la chère épouse du baron, mariée à un commerçant de la place et qui accueillerait le baron pendant quelques mois. Depuis un peu plus d'une année, la République ligurienne vit une accalmie, entre les révoltes violentes contre la Savoie, l'Autriche et la France qui l'ont agitée tout au long du siècle, et juste avant que ne reprennent, au début du siècle suivant, les incidents guerriers sous l'emprise de Napoléon. Profitant de cette embellie, le baron est à Gênes pour y faire du commerce. Il a pour projet d'y négocier un commerce d'étoffe auquel il croit beaucoup et qu'il souhaite importer vers la Suisse. La ville de Gênes est en effet réputée pour un tissu de coton et de lin dont elle fait des habits pour sa marine et qu'elle exporte dans toute l'Europe. Il voudrait, lui, le mélanger au sergé de Nîmes, une toile magnifiquement résistante, préalablement teinte avec de l'indigo indien. Ce colorant naturel, issu d'un arbuste et nommé ainsi pour son origine, produit un bleu aussi intense que celui issu du lapis-lazuli broyé, et pour un prix beaucoup moins onéreux. Bleu de Gênes et sergé de Nîmes, nos futurs bluejeans et denims qui feront un demi-siècle plus tard la fortune et la réputation de Monsieur Levi Strauss.

Le jour qui a suivi leur arrivée chez la cousine de Monsieur le baron, Martin a demandé la permission d'aller seul découvrir la ville. Sa mission était terminée, il pouvait rester autant qu'il voulait, et il était désormais libre de son temps, lui a dit le baron. Très vite au sortir de la maison, il s'est trompé de direction. Les maisons, ce n'est pas comme les montagnes pour se diriger, il s'est perdu dans les rues de la ville. Soudain pourtant, débouchant d'une avenue dans une autre plus large, il a reconnu au loin le mât d'un navire et il a vu briller la mer.

Dans le grand port de Gênes, baragouinant comme il pouvait en s'aidant de ses mains, il a cherché un bateau qui l'emmènerait en terre catalane jusqu'à Barcelone. À un peu plus de huit cents kilomètres de là, à vol d'oiseau. De nos jours, vingt heures de ferry séparent les deux villes. À l'époque, il fallait plusieurs jours, on ne savait jamais précisément combien. La durée du trajet était soumise aux vents, ainsi qu'aux nombreux dangers, partout présents dans le golfe du Lion et le long des côtes.

Il n'y avait pas de bateau en partance pour lui. Mais il s'est promis de revenir chaque jour.

Un soir, qu'il se trouve seul avec le baron, juste avant le repas, Martin lui demande s'il veut bien transmettre de sa part une lettre pour ses parents. Le baron le fait volontiers et lui demande s'il veut bien à son tour lui dire ce qu'elle contient. Martin lui explique qu'il va s'embarquer pour Barcelone. Et que peut-être alors, il s'engagera pour le roi d'Espagne. Il n'en est pas certain encore mais il sait qu'il va traverser la mer.

– Tu veux t'engager? En es-tu bien sûr?

– Je vais retrouver un ami qui appartient à une garnison suisse.

– La guerre c'est brutal, surtout pour une âme comme la tienne. On ne s'engage pas pour un ami, a-t-il ajouté en tournant la tête pour le regarder dans les yeux.

– J'essaierai tout d'abord de le faire revenir, a répondu Martin avec gravité.

Puis rompant ce ton trop sérieux:

– Vous m'avez donné le goût des voyages, je ne vais pas m'arrêter là. C'est de votre faute après tout si je me trouve si loin de chez moi sans envie de rentrer!

Le baron a ri de l'insolence pleine de finesse et de reconnaissance de son jeune ami.

– Fais attention à toi. Et sache qu'ils seront très nombreux les soldats du roi et que tu auras peut-être de la peine à le retrouver parmi eux.

– Pour cela, je ne suis pas inquiet, il est facile à repérer, il fait toujours plus de tapage que les autres.

CHAPITRE 28

Tous les jours, Martin descend sur le port. Il a son paquetage avec lui, prêt à embarquer dès que l'occasion se présentera. Il a fait par avance ses adieux au baron et à sa cousine, et même s'il les revoit chaque jour avec la même reconnaissance pour leur accueil et leur gentillesse, il sait que lorsque l'occasion de partir viendra, il pourra les laisser sans honte ni muflerie.

Aussi ce matin-là, lorsqu'il a vu le grand navire aux couleurs espagnoles prêt à sortir du port, il a sorti de sa poche les quelques pièces qu'il avait gagnées et qu'il gardait précieusement. Il a hélé un des marins, lui a montré l'argent. Celui-ci lui a fait signe d'embarquer. Martin a sauté sur le pont.

Il y avait des cordages partout et à l'extrémité de presque chacun d'eux, un homme qui s'affairait, tirant, hissant, ahanant ou criant des ordres. On l'a poussé à gauche, puis chassé vers la droite, il a failli tomber, puis une main l'a saisi et l'a tiré avec détermination sous les quelques marches d'un escalier en bois, près de la proue des deux chaloupes arrimées sur le pont. Ils étaient quelques-uns qui voyageaient comme lui et qui s'étaient trouvé cet endroit pour ne pas gêner les manœuvres du départ, ni être blessés dans le feu de l'action. Ils ne parlaient pas la même langue mais ils se sont compris, simple connivence entre gens qui dérangent et se font tout petits.

La mer n'était pas spécialement agitée et la traversée s'annonçait aisée, c'est la seule chose qu'il a comprise vraiment du fond de son abri et cela lui a d'abord suffi. Mais il rêvait de voir la côte s'éloigner et de découvrir la pleine mer. Lorsqu'il a enfin pu se relever, le grand port n'était déjà plus qu'une silhouette bleuie par la distance. Dans la haute mer qui les entourait, une houle lente et large berçait le navire. Il a été le premier à être malade. Cela l'a pris soudainement. Une nausée issue d'un point de lui-même dont il ne savait pas même l'existence. Une force destructrice et invasive qu'il n'aurait jamais soupçonnée. Suivie aussitôt d'un raz de marée intérieur qui est sorti de lui sans vraiment l'avertir. Et comme un gant que l'on retourne, il a pensé que son corps en entier allait s'échapper de sa bouche. Par l'odeur alléchés, la contagion les a pris tous, un à un là, sous l'escalier où il s'en était retourné se réfugier. Éclaboussés d'effluves stomacaux et de l'odeur sucrée et acide à la fois des boyaux, ils subirent les rires des marins, s'étonnèrent de leur légèreté, médusés de provoquer leur hilarité, si certains quant à eux qu'ils étaient en train de mourir. Trois militaires de haut rang, qui faisaient aussi le voyage, mirent sous leur nez leur verre qu'ils burent à leur santé, redoublant leur malaise. Des odeurs de viande grillée et d'épices montèrent des fonds du navire jusqu'à eux, en même temps que les airs de musique entonnés par les officiers.

Lorsque leurs vomissements se furent tus, un ordre a sonné faisant surgir deux très jeunes matelots. Munis de seaux, ils ont aspergé le pont du bateau et eux avec bien sûr. Et tout rentra dans l'ordre.

Au petit matin du troisième jour, Martin se sentait mieux. Il s'est levé et il est allé regarder la mer. Semblable à son Léman, a-t-il pensé, mais en bleu plus violet, pareil à cet indigo dont le baron s'était entiché. Du bleu profond tout autour du navire et pas de rives en vue pour sertir toute cette eau. Il a ressenti un calme que le travail des hommes qui s'affairaient sur le pont du navire ne parvint pas à rompre, une sorte d'impassibilité que la mer imposait depuis ses tréfonds. Et il a aimé le bruit de la mer contre les flancs du grand navire. Inlassable et répétitif, il permettait, si on le décidait, de ne plus rien entendre d'autre.

À l'approche de l'Espagne, au large d'Argelès, il s'est fait une soudaine et grande agitation, un branle-bas de combat comme j'ai envie de dire. Mais il n'a pas duré longtemps. Martin l'a compris par la suite, dans le cercle de sa longue-vue, le vigile avait aperçu un autre navire, corsaire celui-ci, et ami des Anglais. Il s'est approché, provoquant l'effervescence de l'équipage, puis il a changé de cap brusquement. Une autre proie, sans doute, plus proche des pirates ou plus attrayante, les avait portés vers le large et loin d'eux. Ce n'est que bien plus tard que Martin a compris combien ces corsaires étaient dangereux et fréquentes leurs attaques. Et qu'ils l'avaient échappé belle!

À vrai dire, leur présence, encouragée par les Anglais, était l'une des raisons qui poussaient les Français à apporter leur aide aux Espagnols afin de reprendre Minorque. Pour permettre ainsi au commerce de s'effectuer de manière plus sûre.

CHAPITRE 29

Martin est maintenant à Barcelone depuis presque une semaine. L'ambiance y est fébrile, électrique, comme chargée d'impatience. Il sait que quelque chose se prépare du côté des îles Baléares. Il a appris aussi que c'est vers elles que vont converger les troupes. Certaines garnisons suisses y sont déjà, à Majorque notamment, d'autres vont arriver de Madrid, d'autres encore de Cadix. Il ne sait pas où chercher Charles. Il marche dans la ville. Lorsqu'il reconnaît du français, ou ce qui lui ressemble, il tente une approche, cherche des informations, des pistes. Il se demande s'il ne va pas devoir abandonner. Il se demande s'il ne devrait pas repartir au plus vite. Il n'a presque plus d'argent et à part s'engager, il ne sait pas comment il en gagnera assez pour rentrer chez lui. Martin est clairvoyant, avide de comprendre, avide d'expériences. Il sait que le métier des armes ne lui plaira pas, que les soldats sont entraînés sans relâche à des tâches répétitives, dressés pour ressembler à ces jouets mécaniques lisses et colorés, en vogue dans les salons. Ce n'est pas ainsi qu'on apprend, il en est convaincu. Le baron le lui a répété à plusieurs reprises : cette forme d'obéissance mène à l'abrutissement ! Il est très jeune et ce n'est pas dans ces termes qu'il dirait les choses mais, intuitivement, il le sait. De la même manière que Charles ne craint pas de perdre la vie, Martin, lui, ne craint pas de se perdre. Il est confiant dans sa force de résistance, convaincu qu'une expérience est une expérience et qu'elle n'imprime pas toute une vie. Si seulement il savait dans quelle garnison se trouve Charles, il s'engagerait sur-le-champ pour le retrouver.

Il se dirige vers la citadelle, là où se trouvent ceux qui cherchent encore à devenir soldats et la plupart des recruteurs. Comme il l'a fait à Gênes en quête d'un navire, il passe ici tous les jours en quête de Charles, assis parfois pendant plusieurs heures face aux grands murs ocre clair du fort.

C'est là qu'il entend ce jour-là un soldat raconter en riant une histoire que Martin reconnaît. Celle d'un petit gars en train de se battre comme un beau diable pour convaincre un sous-inspecteur qu'il fera un parfait soldat en dépit de ce centimètre qui lui manque pour être engagé. Martin sourit. Un sourire si grand qu'il prend presque tout son visage, le traverse et l'éclaire en entier. C'est Charles ! Il en est certain, il l'a retrouvé. Et il n'a pas changé. C'est si bon de voir des souvenirs aimés reprendre vie, intacts, dans le présent. Surtout quand on a fait un aussi long chemin. Le voilà qui court après les soldats, les interpelle, s'enquiert auprès d'eux de Charles, leur demande où et quand cela se passait. Ils lui indiquent une direction avec perplexité et une sorte de méfiance. Martin leur demande s'ils savent quelle route le soldat a prise, mais ils lui ont déjà tourné le dos et lèvent ensemble les épaules en signe d'indifférence. Martin pousse un gémissement d'abandon. L'un des deux se retourne.

– Minorque, c'est par là qu'on va tous.

Minorque. L'île que les Espagnols veulent reprendre, avec l'aide des Français. Mais Minorque est en mains anglaises… Il faut d'abord embarquer pour Palma, sur l'île de Majorque, c'est ce qu'on lui dit. Et lorsque l'armée espagnole aura repris au moins une partie de l'île de Minorque, ils débarqueront à Fornells, Mezquida ou Ciutadella.

Ce que Martin ignore, c'est que Charles vient d'arriver à La Ciudad, sur l'île de Majorque, après une traversée de dix heures et quelques poignées de minutes, sous la poussée de vents favorables et d'une mer accueillante. Avec en poche son précieux sésame.

À ce stade de mes recherches et de ma quête, Marie Anne me semble toujours n'être qu'une jeune femme courageuse, droite dans ses convictions, toute de vertu, honnête et taillée d'une seule pièce. C'est ainsi qu'elle est décrite comme soldat, c'est ainsi que tous parlent d'elle. Et moi, d'une certaine façon et malgré mes investigations et mes incessantes interrogations, je me laisse prendre à cette image. Marie Anne pourtant est forcément maligne, dégourdie pour le moins, voire, même, fine stratège. Arrivée à la Ciudad, elle feint d'être malade et se rend à l'hôpital où elle reste quelques jours. On pouvait donc alors simplement frapper à la porte d'un hôpital de campagne, dire qu'on se sentait mal et rester en paix pour une courte pause ? Ne fallait-il pas qu'elle soit une bonne comédienne, en plus d'une mystificatrice, pour parvenir à faire croire à son mal ? Et de quel mal a-t-elle bien pu dire qu'elle souffrait pour qu'on n'ausculte pas au moins son cœur ou sa poitrine ?

Elle y est parvenue en tout cas, au point d'ailleurs que tel l'arroseur arrosé, dans tout le marasme et les miasmes qui se bousculaient entre les murs de l'hôpital, elle est vraiment tombée malade ! Ce qui ne l'a pas empêchée de sortir de son lit, certifiant que les combats la remettraient d'aplomb, lorsqu'elle a su qu'un bateau partait pour Minorque. Un bateau qu'elle a rejoint aussitôt sans visite médicale. Elle arrivait de l'hôpital, cela suffit à faire croire à chacun que tout était en ordre.

Tant d'obstination et de stratagèmes pour accomplir un destin qui la mène tout droit à la mort, tant d'exaltation passionnée pour courir à sa perte.

Tout ce que j'écris dans ce dernier paragraphe est attesté par le texte de 1782, dans ces deux pages qui contiennent l'ensemble des informations qu'on possède sur Charles Garain. C'est étrange de penser qu'on ne connaît toujours avec certitude ni son origine ni son identité, alors que l'on sait presque tout de ses dernières feintes. Comme moi, le chroniqueur d'alors devait être épaté pour en faire si grand cas. À l'époque, à sa mort, leur but assumé fut d'en faire une héroïne capable de galvaniser les troupes. N'ont-ils dit alors que la vérité ? Marie Anne, l'imposteur, a-t-elle elle-même encore menti ? Peut-être que son blanc-seing enfin acquis, elle a pris peur et s'est simplement terrée quelques jours avant d'embarquer pour Minorque ? Peut-être que lorsqu'ils l'ont vue morte, offerte en jeune fille pure aux yeux de tous, ils ont, chacun à sa manière, réinventé sa vie et son histoire dont on ne connaît vraiment, nous, que deux jours en décembre 1780, quelques jours en été 1781 et sa mort douze mois précisément après son engagement.

Ce qui est certain, c'est qu'à ce moment-là, au début de l'année 1782, quelques jours ou quelques semaines seulement après sa mort, on considère qu'elle a été assez singulière et remarquable pour lui consacrer quelques pages.

Dans ce texte source, il est également question d'un ami avec lequel elle a noué des liens très fort. Décrits comme inséparables, ils auraient alors presque tout partagé. Est-ce à lui qu'elle a raconté le chemin tortueux de son dernier recrutement? Lui qui l'aurait raconté au narrateur de l'époque? Pour moi, cet ami c'est Martin. Il est sur le point de la retrouver. Et grâce à sa présence aux côtés de Charles, je vais peut-être parvenir à résoudre un peu de son mystère.

CHAPITRE 30

Sur cette frégate espagnole en route pour Minorque, appuyée contre le bastingage, les yeux fixés sur les vagues qui viennent heurter la coque, la tête baissée, Marie Anne réfléchit. Deux sentiments contraires se bousculent dans sa tête. La toute-puissance de sa réussite occupe une part de son esprit, mais la peur qu'elle a éprouvée d'échouer au dernier obstacle lui donne la force de rester vigilante. Ce qu'elle ne sait peut-être pas reconnaître en elle à ce moment précis, c'est l'envie d'abandonner l'imposture. Comme cela arrive parfois lorsqu'on est parvenu à franchir toutes les étapes, à se jouer de toutes les épreuves. Tomber enfin le masque, pour éprouver aussi le soulagement que procure la fin du mensonge, la fin du secret, la fin d'être un autre pour tous et pour soi. Peut-être qu'à ce moment précis, Marie Anne la courageuse, la vertueuse, l'inlassable guerrière, a-t-elle eu, une seconde durant, la tentation de mourir ? Peut-être est-ce ce désir qui lui fait poser les yeux sur l'eau sombre et marine qui encercle le grand voilier ? Combien de fois a-t-elle eu envie d'en finir ? Pas forcément avec la vie mais avec l'imposture ? Peut-être jamais jusqu'ici ? Mais lorsqu'on touche au but, alors peut-être que la lutte est presque terminée, l'élan nous lâche et nous laisse dangereusement faillible et fragile.

Fragile, c'est l'adjectif qui vient à l'esprit de Martin lorsqu'il retrouve enfin son ami, sur ce bateau. Lorsqu'il l'a reconnu, il s'est précipité vers lui. Puis son élan s'est figé. Il a regardé Charles qui regardait la mer. Il a regardé son ami pour qui il avait fait ce long voyage. Ou qui, peut-être, n'avait été qu'un des prétextes qui lui avaient donné la force de partir. À cette seconde précise des retrouvailles, il a su qu'il s'était trompé, lorsqu'à Barcelone, quelques jours plus tôt, il avait entendu parler de lui, il avait pensé retrouver son ami inchangé. Charles n'était plus le même. Il pourrait dès lors faire état de sa bonne humeur et revenir à ses pitreries autant qu'il le voudrait, ce moment hors des autres où il le surprend restera gravé dans son esprit. Malgré sa hâte de se précipiter vers lui, Martin a laissé Charles à sa solitude une longue minute encore avant de s'approcher. Peut-être pour éprouver ce pouvoir que Charles a sur lui et qu'il reconnaît aussitôt. Ce pouvoir de lui faire sentir que sa vie a un sens. Celui peut-être simplement aussi, il l'imagine à cet instant, de protéger son ami.

Sous l'œil de Martin, Charles a les yeux perdus sur la mer, c'est la fin du mois de juillet 1781, le vent qui anime le bateau offre un peu de répit dans cette touffeur de l'été espagnol. Dans la tête de Marie Anne, le vide s'était installé pour un bref instant. Un vide total, vertigineux. Une sorte d'abîme noir et sec, au cœur duquel l'air ne semble plus avoir accès. Lorsqu'elle a entendu la voix de Martin qui prononçait son nom avec douceur et avec dans le ton ce point d'interrogation, elle a adressé un sourire aux flots. Elle était tellement absente à elle-même qu'elle a imaginé que c'était un souvenir qui lui revenait. Une sensation proche et lointaine à la fois mais qui de toute évidence n'appartenait pas au présent.

– Charles ? a répété Martin en posant délicatement une main sur l'épaule de son ami.

Et Marie Anne s'est retournée.

Je sais qu'elle a dévisagé Martin pour s'assurer qu'elle ne rêvait pas. Je sais qu'après cela, Martin lui a fait l'accolade et l'a prise dans ses bras. Je sais qu'elle a juste eu le temps de croiser ses bras sur son torse. Et je sais aussi que peu après, Martin est parti d'un grand rire. Un rire plein de ce soulagement qui se reconnaît à cette sorte de clarté retrouvée et un souffle d'air qui s'échappe de la bouche grande ouverte. Mais je ne sais pas pourquoi il a ri, ni comment Marie Anne l'a accueilli, ni ce qu'elle lui a dit. A-t-elle eu l'air éberluée au moins un dixième de seconde ? Des larmes lui sont-elles montées aux yeux qu'elle a immédiatement cachées contre le torse de Martin ? A-t-elle simplement dit : « Eh bien, c'est le moment ! » comme si elle était certaine qu'il viendrait ? Est-elle restée silencieuse ? A-t-elle exécuté quelques pas militaires un peu exagérés pour faire rire son ami ? A-t-elle eu l'impression qu'il lui sauvait la vie ? Je suis incapable de le savoir. Je ne vois que le dos de Martin dont la grande taille la cache et je sais qu'ils sont heureux de se retrouver.

CHAPITRE 31

Dans ce même temps, la flotte espagnole a quitté Cadix, avec cinquante et un transporteurs, dix-huit navires de ravitaillement, trois navires-hôpitaux, deux bombardiers et un brûlot, ainsi que treize escortes armées. Ils seront très bientôt rejoints par vingt navires de guerre français partis de Brest un mois auparavant. En tout, avec ceux d'entre eux déjà stationnés à Majorque et prêts à la bataille, quatorze mille hommes du côté franco-espagnol et trois mille du côté anglais.

Toute l'opération de cette reprise de Minorque se fait sous la direction du duc de Crillon, ce Français qui a été choisi pour cela par le roi d'Espagne (au grand dam d'Aranda et de Floridablanca, tous deux nobles espagnols, adversaires qui plus est, respectivement partisans de la guerre à tout prix et des négociations). Dans le plan de Crillon, l'intention est de faire croire aux observateurs britanniques qu'ils partent tous vers les Amériques, puis, au dernier moment, ils obliqueront vers l'est pour se diriger vers Minorque et assiéger l'île. Le plan d'attaque est simple. Une force principale débarquera à Mezquida, au nord-est de Mahon, une deuxième à Alcaufar, en plein sud de l'île et les ports de Fornells et de la Ciutadella seront investis pour empêcher toute fuite. Depuis Mezquida, les troupes assiègeront Mahon, captureront le gouverneur et le plus de soldats possible, puis s'empareront du fort Saint-Philippe.

Ainsi Crillon avait-il tout prévu, sauf que les Anglais avaient compris assez vite qu'un tel déploiement de forces ne pouvait être autre que guerrier… Ni surtout que les vents les pousseraient dans la mauvaise direction, puis ne trouveraient rien de mieux à faire que de se lever en tempête et disloquer la flotte de toutes parts le 29 juillet 1781.

Le 14 août, finalement, la flotte parvient à Alicante, puis suit les côtes de Formentera, la plus petite des îles Baléares et la plus éloignée aussi de Minorque. Le 18 août, elle est rejointe par quatre navires de guerre à Palma, le 19, ils arrivent en vue de Minorque, au large de laquelle les vents contraires les poussent tous à nouveau vers le sud de l'île plutôt que vers le nord, d'où ils seraient arrivés sans passer devant les Anglais…

Il n'empêche, à 7h45, le 19 août, le navire *San Pascual*, tête de flotte espagnole, est en vue de Mahon. À 11h30, il passe devant le fort Saint-Philippe et à 13h, le drapeau espagnol flotte à Mezquida. Pour signaler son succès, l'armée espagnole fait gronder une salve de vingt-trois coups de canon – c'est alors l'âge du fils du roi destiné à lui succéder. C'est ainsi, semble-t-il, que l'on s'y prenait à l'époque pour annoncer à son ennemi qu'il y aurait bientôt une bataille.

Les Britanniques ont vu de loin arriver par le sud ces dizaines de vaisseaux qui passent bientôt quasiment sous leurs fenêtres ! Ils ont dès lors eu largement le temps de se replier dans l'enceinte du fort Saint-Philippe de Mahon. Quelques civils déjà, dont notamment des femmes et des enfants d'officiers, se préparent à partir. Tandis que de son côté, James Murray, officier de l'armée britannique, gouverneur de Minorque et chef des troupes anglaises, fait savoir dans une courte missive à son ambassadeur résidant à Florence que « la garnison est à l'abri, en bonne santé, de bonne humeur et prête à défendre le fort et qu'elle opposera une vigoureuse résistance. »

Le duc de Crillon n'avait pas de plan B, comme on dirait aujourd'hui. Les vents lui ayant donc une nouvelle fois été contraires, il a pris l'île de Minorque (quatorze mille hommes contre trois mille, le suspense n'était pas de mise) mais le piège qui devait lui soumettre les Anglais a raté. Ceux-ci se sont réfugiés au fort Saint-Philippe, visiblement ravis et prêts à en découdre.

Dès qu'ils ont abordé l'île, Charles s'est mis à décrire à Martin la vie qui les attendait et ces combats que la prise de l'île par les Espagnols allait enfin bientôt permettre. Martin les rejoignait dans cette noble tâche que Charles était si heureux désormais de partager avec lui. Martin quant à lui ne voyait que la rousseur lumineuse du sable et la rondeur presque parfaite de la crique, si belle contre le bleu turquoise et transparent de l'eau.

Ils se sont mis en marche et, toujours enveloppé dans les mots entraînants de son compagnon, Martin s'est imprégné du paysage qui l'environnait. La grande plaine parsemée de quelques arpents cultivés, le mont Toro à bonne distance au nord où guettaient les Anglais, il y a encore peu de jours. Et bientôt, les taches blanches des moulins, avec leur enchevêtrement de cordes, semblables aux gréements des navires. Ces moulins qui marquaient l'approche du camp et devant lesquels ils passeraient si souvent au cours des prochains mois. Derrière un petit mur de pierres sèches – fabriqué comme chez lui, s'est-il dit, avec son alignement vertical de pierres en son sommet –, l'éclaboussure violette d'une poignée de liserons lui a arraché un sourire.

– Ah, je vois qu'elles te plaisent aussi, a dit Charles en suivant le regard de son ami. Je les ai repérées à Majorque déjà, elles me font penser à de petits soldats, des sentinelles qui protègent la campagne. Elles sont un peu comme nous.

Martin n'a pas compris tout de suite de quoi parlait Charles. Il a été surpris qu'il lui parle des fleurs. Il a juste approuvé d'un signe de tête, puis il les a vues à son tour, ces grandes fleurs auxquelles son ami faisait allusion. Derrière les taches vives des liserons, des tiges droites et longues réparties dans le pré, avec à leur extrémité de minuscules fleurs blanches formant comme un flambeau ou un panache de casque et qui semblaient en effet surveiller la campagne alentour.

J'ai lu dans un document que la nouvelle de l'invasion de Minorque par les Espagnols est parvenue en Grande-Bretagne quatre semaines plus tard. Je sais, grâce aux deux pages sources qui parlent de Charles, que celui-ci s'était embarqué vers Minorque à la fin du mois de juillet, comme je l'ai raconté précédemment. Historiquement, il y aurait un mois d'écart entre le moment où Charles part de la Ciudad sur Majorque (et retrouve Martin lors de cette traversée) et celui où les troupes de Crillon débarquent sur l'île, forçant les Anglais à se réfugier dans le fort Saint-Philippe.

Je n'écris pas un roman historique, je cherche à rencontrer Charles Garain, la *mulier soldado* dont le destin m'a sollicitée. Ce que je sais c'est qu'à ce moment-là, à la fin du mois d'août, les soldats de toutes origines ont pris possession de leurs camps. C'est inscrit sur cette carte de 1781 du musée militaire de Mahon, sous la forme de plusieurs séries de petits triangles, semblables aux maisons du Monopoly de mon enfance, disposées tout autour du fort Saint-Philippe. Placée le plus au sud, la plus proche des grands murs en étoile du fort, se trouve la garnison suisse de Betschart. C'est écrit sur la carte. Et voilà que j'éprouve une sorte de fierté brève et gaie et aussi un peu sotte, à savoir que sa garnison est au premier rang !

Ainsi que Charles le pressentait, ils ont été bien accueillis tous les deux au camp du régiment de Betschart. Au cœur de sa section du moins, où son capitaine n'a pas bronché en constatant que Charles était accompagné. Charles a fanfaronné un peu lorsque son capitaine l'a félicité, lui disant même qu'il était content de le revoir. Martin a été surpris et heureux de la place que son ami était parvenu à se faire au sein de la troupe de ses camarades.

– Capitaine, je vous présente mon ami Martin. Il arrive du pays et il vient combattre avec nous.

Il a vu, sur le front de son capitaine, la ride du lion se creuser, signe qu'il y avait un problème et il a ajouté :

– Il est intelligent et de bonne volonté et il apprendra vite. Et puis, je sais que vous ferez ce qu'il faut pour son recrutement parce que des gaillards grands et forts comme lui il n'y en a pas beaucoup et vous ne le refuserez pas !

Il s'est alors planté devant Martin, tout entier contenu dans la surface de son ami, pour renforcer ses dires. Le capitaine a ri et l'affaire était faite.

Avec Martin, ils sont désormais sept cent trente-sept Suisses dans cette garnison. Ils vivent et guerroient le plus souvent par groupes très soudés, comme l'exige cette manière de combattre avec ces avancées lentes au coude à coude qui sont encore de mise dans les bataillons suisses.

Des mois qui ont suivi, on ne sait presque rien d'eux, si ce n'est donc ce fait avéré que Charles et son ami étaient inséparables. Deux mois durant, ils ont partagé le même lit. Un fait qui concernait tous les soldats d'alors et qui n'est cité à sa mort que pour attester de sa très grande vertu. Rester vierge en dormant dans le même lit qu'un ami si cher, très étroit qui plus est, semblera alors la plus grande preuve qui soit de la pureté de ses intentions et de son seul intérêt pour l'art militaire.

Il y a de quoi douter, ou du moins s'étonner. Les lits pour deux mesuraient 1 m 09. Dans la chaleur de l'été, puis du mois de septembre, gardaient-ils vraiment tous leurs vêtements pour dormir ? Marie Anne était-elle la seule à rester entièrement habillée, malgré les éventuels quolibets ? Dans ces dortoirs où les lits prenaient toute la place et leur servaient de tout, comment a-t-elle pu se cacher ? S'est-elle moquée d'elle-même, de ses joues imberbes qui ne nécessitaient toujours aucun rasage? De sa petite taille? Avait-elle de l'humour, elle, la fanfaronne, lorsqu'il s'agissait de se protéger? Elle dont l'énergie insatiable est vantée de tous, n'est-elle jamais littéralement tombée de fatigue, abandonnée dans le sommeil et dangereusement exposée à leurs regards?

Pendant de longues semaines, Martin a multiplié les exercices qui lui permettraient de combattre lorsque l'assaut de la forteresse serait enfin donné. Il n'aime toujours pas cette façon d'être automatisé, mais il le fait pour Charles et avec lui. Les jours passent très vite, harassés comme ils sont sous les ordres incessants.

Que savaient des soldats comme Martin et Charles des plans et des échecs de l'armée pour laquelle ils allaient se battre? Sont-ils parfois en ordre de marche, prêts à combattre, puis aussitôt après stoppés dans leur élan par l'échec de l'avancée des bateaux? En grand apparat au lever du jour, puis affalés dans un nouveau retour à l'inaction? Se posent-ils des questions malgré tous les automatismes auxquels on s'efforce de les contraindre? Participent-ils à la construction des routes destinées à amener l'artillerie depuis les ports jusqu'aux portes du fort? Sont-ils comme ces soldats espagnols qu'admire avec un brin de condescendance le comte de Crillon (fils du duc du même nom qui mène cette conquête), parce que depuis deux mois, ils dorment sur la terre, sans paille et dans l'eau boueuse lorsqu'il pleut? Et que sur les neuf mille hommes qu'ils sont, il n'y en a pas plus de deux cents qui ont la fièvre. « Parmi eux pas une plainte, pas une réflexion attristante, ils sont contents et mon père les mènerait où il voudrait », ajoute le jeune comte, avec un zeste de suffisance. À Palma déjà tout manquait, il n'y avait presque plus rien à manger, pas de logement. Dans cette grande ville aux maisons très serrées, il n'y a pourtant pas de violence et pas de punitions publiques, ce dont les Français semblent s'étonner, eux qui ont fait réquisitionner deux fois sept cent cinquante quintaux de paille pour leurs couches – soit toute la paille de l'île –, ainsi que trois cents mulets, de la viande pour quatre mois, du gibier, du poisson et du vin.

Les a-t-on enrôlés à la construction des batteries qui accueilleront les canons? Il y a sept heures de marche de Fornells à Mahon sur un chemin pierreux et montueux et de Marcadal à Mahon, il reste quatre lieues sans aucune maison. Que pensent-ils des Anglais qui tirent sur les ouvriers qui sont à leur portée, pour perturber leur avancée? Ou de ce coup de force qu'ils tentent le 11 octobre :

quatre cents Anglais qui débarquent et capturent huitante soldats et huitante officiers espagnols ? Prisonniers qu'ils rendent immédiatement puisqu'ils ne cherchent alors qu'à montrer leur audace. Que savent-ils des conflits internes qui agitent les Espagnols ? Ce brigadier Moreno, par exemple, qui accorde des brevets de navigation à des capitaines de navire sans l'autorisation du duc. Dans les campements, que disent les rumeurs ? Connaît-on les critiques qui courent sur les erreurs de stratégie de Crillon ? Les soldats se repassent-ils, en colère ou en se moquant, les coups de dés et les méprises qui retardent la guerre ? Ont-ils eu vent, par exemple, de cette tentative de corruption de James Murray, gouverneur anglais de l'île retiré au fort Saint-Philippe ? Dans son dessein d'éviter la guerre, Floridablanca lui a proposé 500 000 pesos et un poste important, en échange de sa reddition sans violence. Murray s'est insurgé au nom de ses ancêtres ! Il a confirmé sa volonté de se battre valeureusement pour garder le fort. Et le duc de Crillon en réponse, s'est excusé qu'une telle proposition lui ait été faite et lui dit son soulagement qu'il l'ait refusée.

Affronter les combats avec fougue et entrain, voilà qui semble donc bien être la règle d'alors. La bataille finale, celle qui permettra aux Espagnols de reprendre le fort Saint-Philippe de Mahon est encore à venir. D'ici là, chaque camp va s'ingénier à affaiblir son adversaire à coups d'escarmouches et de brefs combats.

CHAPITRE 32

Chaque jour, Martin surveille Charles. Tente de freiner ses ardeurs au combat, afin de lui éviter le pire, qu'il craint chaque jour un peu plus. Parfois même, il prie Dieu de l'aider à protéger son ami. Le soir, quelquefois, il tente encore de le convaincre qu'une autre vie que celle de la guerre les attend quelque part. Il parle de la fin de leur capitulation. Charles ne voit que demain, plus loin ne l'intéresse pas. Jamais à ce propos il n'entre en matière, pas même avec Martin.

Les routes poussiéreuses, les marches au pas cadencé, les lourds paquetages, les attaques, la vermine et les maladies, la chaleur encore lourde en cette fin d'automne. Et le soir dans ce lit si étroit qu'ils partagent si longtemps, Charles sur le côté, les deux bras repliés sur sa poitrine, comme des ailes rognées. Quel incroyable surmoi lui a-t-il permis de ne pas se tourner sur le dos pendant la nuit ? Marie Anne n'a-t-elle jamais eu peur de parler en dormant ? A-t-elle appris à s'endormir chaque soir après eux tous et à se réveiller la première, pour éviter d'être démasquée ? Semblable en cela à ces femmes qui ne supportent pas que leur amant d'un soir ou de toute une vie les voie sans maquillage ? Celles-ci, il est vrai, pour préserver leur image, Marie Anne pour sauver sa vie.

La mort de Marie Anne approche. Je le sais, moi qui en connais la date. Pour elle pourtant, tout commence à peine puisque ces mois sont ceux des combats où elle va enfin pouvoir montrer combien elle est vaillante, comme elle l'a toujours affirmé. Vaillante elle le sera jusqu'à son dernier souffle. C'est peut-être d'elle la seule chose dont on est vraiment certain. Je comprends désormais mieux sa fuite, son travestissement, bien sûr, seul recours à sa liberté d'alors. Je m'épate de son incroyable persévérance, de sa capacité à échapper à tous les pièges, à passer par-dessus tous les obstacles. Je suis sidérée qu'elle parvienne à se taire, à garder le secret. Un secret absolu et sans fuite, dans cette totale promiscuité. Même à Martin, elle n'a rien dit ! Et je ne parviens toujours pas à comprendre sa prédilection pour ce feu qui semble la galvaniser, ces boulets qui sifflent à ses oreilles sans qu'elle n'ait jamais peur, ces corps démembrés autour d'elle qui ne l'arrêtent jamais. Y a-t-elle chez elle une sorte de désespoir joyeux qui la pousse en avant ? Une façon de profiter de chaque moment avant d'être démasquée ? Ou est-ce encore ce besoin d'excellence qu'elle a découvert en chemin ?

Charles se battra deux mois avant d'être atteint par ce boulet de canon qui lui brisera la jambe et la vie. Avant cela, sa garnison va mettre en place ces fameuses batteries auxquelles ils appartiendront. Ils sont sur place, je regarde ma Gingolaise au milieu de ses camarades, ils ont à manger et à boire et ils s'efforcent de faire en sorte que ce ne soit pas le cas du côté des Anglais où bientôt des centaines d'hommes mourront du scorbut, n'ayant plus accès aux légumes et aux fruits, ni à ces réserves de viande, non plus, auxquelles les Espagnols parvinrent à mettre le feu et qui brûlèrent pendant plus de quatre jours.

Deux mois au cours desquels ils exécutent aussi de nombreux assauts brefs, pendant lesquels Charles se distingue encore et toujours par son courage sans faille et hors du commun. Sa réputation passe au-delà du cercle de la garnison Betschart. Dans le camp espagnol, le nom de Charles circule, Charles-Carlos Garain, le soldat intrépide qui fait honneur à son régiment et à son pays !

Son pays dans lequel, au demeurant, son nom reste incertain. On m'a affirmé que ce patronyme n'existait pas dans le Chablais, ni suisse ni français. Marie Anne n'a jamais su ni lire ni écrire, pas même son nom puisqu'elle a inscrit une croix en lieu et place de signature, j'en ai conclu qu'elle avait dit son nom et que la façon de l'écrire avait ensuite dépendu du bon vouloir et des oreilles de ceux qui en avaient pris note. J'apprends aujourd'hui grâce au maire du Biot, cette commune située sur le flanc est de la Dranse en amont de Thonon, que le nom de Garain existe bel et bien. Il serait même aujourd'hui encore très fréquent à l'état civil du village de La Verne autrefois rattaché au Biot et situé à quelques kilomètres du hameau de Nicodex. Monsieur le maire me dit qu'il va tenter de retrouver ma Gingolaise dans les archives de sa vallée d'Aulps ! Son enthousiasme et son désir jovial de collaboration me procurent une volée de bonheur. Et tout à la fois me voilà à espérer qu'il ne trouvera rien de définitif à son propos.

Charles et Martin sont amis, ça du moins, on le sait. Des contraires qui s'attirent. L'un, des plus grands du camp, l'autre, le plus petit. Martin calme et curieux de tout, qui lors de ses congés, part en quête de l'île. Charles qui au contraire les passe tous au front. Cela aussi on le sait de source certaine. Dans ces pages de la Bibliothèque nationale, écrites peu de temps après sa mort: pratiquement pas un seul jour de congé qu'il n'ait passé à combattre.

Une fois, Martin a pensé le convaincre de l'accompagner pour aller voir la mer, dans une crique très proche de leur campement qu'il trouve si belle avec son sable fin. Charles était près de se laisser tenter, décidé à faire plaisir à Martin. A-t-il appris alors, au dernier moment, qu'un des grenadiers de la garnison était malade et qu'il fallait le remplacer? Ou est-ce parce que Martin lui a dit: «Viens, je t'apprendrai à nager!» Martin, et ce n'est pas fréquent à cette époque, est un bon nageur. Il a gardé de son enfance au bord du Léman le goût de la baignade et il a raconté à plusieurs reprises le bonheur qu'il éprouve à être dans l'eau. «Un soldat ne se démunit pas de son uniforme et ne laisse pas ses armes!» lui a rétorqué Charles. «Alors tu surveilleras les miennes pendant que je nage», a dit son camarade. Les autres soldats jouent aux cartes, boivent ou courent les filles pendant leur temps libre, il n'y a que Martin pour faire une proposition pareille! Charles a été cette fois sur le point de céder. Mais il a encore renoncé au tout dernier moment. C'est sans doute la seule fois où Martin s'est fâché contre lui. Il l'a traité de tous les noms et il est parti vers la plage. Le reste du temps, ils s'entendent comme deux doigts de la main. Le majeur et le petit doigt avait un jour précisé Charles en riant. C'est étonnant les amitiés. Parfois elles sont aussi déraisonnables que les histoires d'amour. Martin sait toujours où se trouve Charles et Charles en toutes circonstances sait que Martin veille. Martin est courageux. Il ne rechigne sur rien de ce qui doit être fait. Il a de la force et lorsqu'il s'agit notamment de monter les batteries, il est un des meilleurs. C'est un très long et fastidieux travail qui demande de la force et de la résistance, mais de l'ingéniosité aussi. Acheminer les pièces d'artillerie depuis les côtes, mettre en œuvre les plateformes en madrier de bois ou en dalles de pierre qui supporteront le poids des armes d'artillerie et seront prêtes à encaisser les contraintes liées à leurs tirs spécifiques. Obusiers, canons aux gros calibres à tirs tendus, d'une portée d'environ cinq cents mètres, ils tirent des boulets pleins dont l'effet réside dans la violence du choc à l'impact. Mortiers, capables de projeter leurs bombes à plusieurs milliers de mètres. Leurs bombes, ces projectiles sphériques en fonte de fer remplis de poudre noire qui ne pèsent pas loin de cent kilos et dont les trajectoires courbes passent par-dessus les remparts. Martin aime construire et cela lui convient. Charles est plus à son aise dans les attaques brèves et les assauts.

Ils parlent peu. Un peu du pays quelquefois. Lorsque Martin reçoit une lettre de sa mère et qu'il en lit à voix haute des extraits pour Charles. Martin éprouve parfois de la mélancolie, au contraire de Charles, tourné vers le futur. Un soir pourtant que Martin lui parlait une fois encore de ce Valais qu'il avait hâte de retrouver, un silence s'est installé, Charles a laissé quelques longues secondes s'écouler puis il a dit :

– J'aimerais revoir un sapin, un très haut sapin des montagnes au tronc droit et large.

Martin en a été saisi. C'était la première fois que Charles évoquait le pays. Il y avait un sourire dans la voix de son ami, et une nostalgie douce aussi. Et il n'a pas su qu'ajouter.

Marie Anne, la frontale mensongère, la mystificatrice au cœur de lion, mourra d'une blessure qu'elle recevra le dos tourné en rentrant d'une bataille, près d'Arrabal Nuevo, pas loin de Mahon, entre les deux grands moulins blancs qui marquaient l'approche du camp, là où les liserons violets enjolivaient les murs.

CHAPITRE 33

À ce moment de sa vie, Marie Anne se sent invincible. Le 26 décembre 1781, pourtant, à dix-sept ans, Charles Garain est touché par un boulet de canon qui provoque une fracture ouverte de sa jambe droite. Aussitôt transporté à l'hôpital de Mahon tout proche, il meurt le lendemain à l'aube des suites de sa blessure.

Je m'interroge encore et encore à propos de sa mort. Cette blessure qui intervient un an jour pour jour après son engagement à Monthey. S'est-elle souvenue de cet «anniversaire»? En a-t-elle parlé autour d'elle? Allait-elle le célébrer en rentrant au campement? Les chiffres et les dates sont souvent hasardeux mais leur symbolique ne nous laisse rarement en paix. Quelques jours avant cela, c'était Noël, le deuxième qu'elle avait passé avec Martin, et loin du pays. Ils ont peut-être parlé du précédent, se sont souvenus en riant de cette première nuit passée ensemble et de comment Charles s'était endormi au milieu d'une phrase, la tête pleine de rêves. Des rêves qui sont devenus la réalité, a peut-être dit Charles. Ils ont peut-être parlé du chemin qu'ils avaient parcouru, du bonheur de leur rencontre et de leurs retrouvailles. Ils en ont peut-être parlé. Ou pas. Les régiments suisses sont des sortes de colonies vivant à l'étranger. Ils possèdent leurs drapeaux, leur Code pénal, leur justice, leurs usages, leurs patois et leurs chants. Ils ont peut-être simplement entonné avec leur chambrée des chants de Noël de leur enfance. Et ils ont prié tous ensemble.

Depuis quelques mois et pour la première fois de sa courte vie, Marie Anne a des raisons d'être fière. D'oser se croiser au passage dans le regard des autres. D'elle à elle, c'est une autre affaire. Il faut tellement de temps, tellement d'années et de travail sur soi pour éteindre tous les mots de dénigrement qui se sont abattus sur vous dans l'enfance. Je parle de «travail sur soi» comme si Marie Anne avait pu en avoir l'occasion ! Elle dont on n'écoutait ni les récits du jour, ni les rêves. Quelle incroyable force il lui a fallu pour tenir ce mensonge pendant toute une année. Pour tenir ce secret et le garder pour elle. Pour elle exclusivement, sans la complicité de personne.

Quelle incroyable résistance aussi pour ne pas se décourager. Une fois seulement, sur le bateau, elle a failli perdre pied et abandonner. Tout avouer malgré les risques que cela comportait. Pas aussi épouvantables qu'elle le pensait peut-être, au demeurant. À ce que j'ai pu lire des quelques femmes qui s'étaient engagées, elles furent simplement renvoyées chez elle. Mais toutes celles dont j'ai lu le récit avaient de quelque manière que ce soit des liens de famille avec l'armée. Femmes d'officiers devenues veuves, filles ou fiancées de quelque haut gradé. Marie Anne s'est faite seule. Sans doute ne savait-elle même pas ce qu'elle aurait risqué. Mais de toute manière, ce simple renvoi aurait signé la fin de sa liberté et surtout l'aurait mise à la merci des hommes. J'imagine les craintes fulgurantes et les angoisses aussi qui parfois l'ont saisie. Une fois, au cours de ces dernières semaines, elle a été sur le point de parler à Martin. Non pas par désespoir, cette fois, ou par fatigue extrême. Mais elle n'a jamais eu un ami comme lui. Un ami tellement précieux qu'il comprendrait tout. À qui l'on pourrait tout confier. C'était la nuit, tous les autres dormaient déjà dans le dortoir, elle était décidée à lui dire son secret, comme preuve de sa confiance. Mais c'était difficile, alors elle avait encore parlé de ses réussites du jour et des batailles à venir. Puis elle a commencé à préparer sa confession. Elle lui a posé une question. Mais il n'a pas bronché. Il s'était endormi.

En s'éveillant le lendemain matin, elle a pensé avec effroi qu'elle avait failli tout gâcher. C'était infiniment trop tard pour se confier maintenant ! Comment Martin aurait-il pu accepter un si long mensonge et une telle imposture à son égard ? Cette complicité à laquelle elle avait rêvé un instant et l'envie aussi sans doute qu'une personne au moins l'admire pour ce qu'elle est et non pour ce qu'elle feint d'être, auraient à coup sûr, elle en est certaine maintenant, provoqué un enchaînement d'irréparables catastrophes. Et puis, elle ne s'est pas battue avec une telle vigueur pour tout mettre en péril un soir de confidences ! Cela n'arrivera plus, elle l'a échappé belle, plus rien ne viendra ne serait-ce qu'ébrécher sa détermination. Dans le matin qui se levait, les ailes du moulin blanc se sont mises à tourner, glissant une ombre grise et leste sur le mur du dortoir.

Ma Gingolaise, à moi aussi, tu as résisté de longs mois. Je ne voyais de toi que tes forces vives et tes élans guerriers. Jusqu'à ce que je te rencontre dans ce musée militaire d'Es Castel, entre le fort Saint-Philippe et le port de Mahon. À quelques pas sans doute de cet Arrabal Nuevo où tu es tombée. J'avais découvert sur Internet cette effigie de toi en bois peint qui te représente. Je te cherchais dans le musée. J'en ai parcouru toutes les salles et je ne t'ai pas trouvée. Je t'imaginais grande. Tu tiens au creux d'une main. Ils t'avaient placée dans la salle réservée aux femmes soldats espagnoles. À l'intérieur d'un petit cube rectangulaire en plexiglas. Sous un immense portrait du roi Juan Carlos Ier. Je ne sais pas sous quel angle ils t'avaient photographiée pour te donner à voir sur nos écrans, là, je ne t'ai pas reconnue. Tu ne ressemblais pas à celle que j'avais vue auparavant que je trouvais trop lisse et un peu trop jolie à mon goût, maquillée, semblait-il, presque mignonne.

C'est le gardien qui m'a guidée et amenée jusque vers toi. Je me suis approchée de toi avec émotion. Je suis arrivée par le côté gauche. Tu n'étais pas la même. Je n'ai plus vu que ta détermination, concentrée et fermée sur toi-même. Je t'ai tourné autour, lentement. D'un côté une forme de douceur, de l'autre la *terribilità*, chère à Michel-Ange. Une double expression, comme celles qui courent sur les traits contrastés de son grand David. Dans le centimètre de ton visage se partageaient des forces contraires en puissance.

Ta petitesse m'a bouleversée et je me suis mise à t'aimer.

CHAPITRE 34

Je reviens vers ce 26 décembre, ce retour d'assaut tardif au cours duquel Charles est blessé. J'ai imaginé de nombreuses raisons autres que la fatalité qui auraient permis que tu baisses la garde, au point d'être finalement vulnérable. J'ai imaginé que du sang avait enfin coulé entre tes jambes et que tu avais compris que tu ne pourrais bientôt plus te cacher. J'ai imaginé une sorte de bonheur trop grand, une gloire toute neuve et bienfaitrice qui, ajoutée à l'amitié de Martin, aurait pu te rendre téméraire et te faire perdre ta prudence. J'ai imaginé qu'une sorte de désespoir t'avait au contraire assaillie à l'idée qu'à coup sûr, un jour viendrait où tu serais démasquée. Et qu'alors tu étais allée au combat avec une témérité redoublée et fatale.

Mais il n'y a rien de frontal dans cette blessure. Tu t'en retournais au camp lorsque ce boulet a été tiré dans ton dos. Une blessure qui vient de l'arrière dit bien qu'on ne la cherchait pas.

Ce soir-là, tu n'es pas rentrée au camp et Martin a longtemps marché de long en large. C'était la première fois et il a craint le pire. Le lendemain matin, tu n'étais pas rentrée et il a compris qu'un malheur était arrivé. La rumeur a surgi, sifflant qu'un jeune fantassin était mort, un seul, et qu'on avait alors découvert qu'une femme était cachée sous son uniforme de soldat. Martin s'est alors senti soulagé ! Sans doute Charles avait-il aidé à son transport, puis avait voulu rester auprès d'elle. En tous les cas, il était sain et sauf, il n'y avait qu'un mort et c'était une femme, ce ne pouvait donc pas être Charles.

Tu étais morte pourtant et c'était bien toi. Tu avais refusé qu'on te soigne, qu'on te coupe la jambe, broyée par le boulet. Tu avais perdu beaucoup de sang, pourtant, tu ne voulais pas d'aide. Tu as fait appeler un prêtre pour te confesser. Tu savais donc que tu allais mourir ? Quelle confession as-tu bien pu faire ? Tu ne lui as certainement pas dit que tu étais une femme puisque tu as refusé ce geste compassionnel qu'il voulait porter vers ton cœur, repoussant sa main pour qu'elle n'effleure pas ta poitrine. Ton secret qui t'avait sauvée t'a tuée au petit matin. Tu es morte en soldat. Un grand soldat hors du commun.

Ils ont appelé les sœurs du Carmel pour faire ta toilette mortuaire. Elles ont poussé un cri lorsqu'elles ont découvert tes seins ronds et blancs de jeune fille. Un autre cri encore en retirant ton uniforme et ta longue chemise, avec un frisson de fébrilité, quand le bas de ton corps a confirmé ce que disait le haut.

Oiselles grises affolées et avides dans leurs vies enfermées, elles ont appelé une de leurs supérieures, qui à son tour a fait de même, laquelle a fait appel à un homme, d'église ou de batailles, pour savoir comment régler ton cas.

Quelqu'un a alors décidé que la première chose à faire, la plus importante de toutes et qui déciderait de la suite, était de vérifier si la jeune soldate était vierge. C'était peut-être commun à l'époque. Pour moi c'est monstrueux. Un médecin est venu. Un chirurgien comme on le nommait alors. Il a demandé qu'on écarte ta jambe gauche – l'autre était en charpie –, pour dégager ton sexe, qu'il a ensuite ouvert. Délicatement ou pas. Peut-être y a-t-il glissé les doigts, l'a fouillé en quête d'un hymen ou d'un signe qu'il n'y serait plus. Il t'a peut-être déflorée pour être bien certain qu'il ne se trompait pas. Mais tu n'as pas saigné, tu étais juste en train de refroidir. Peut-être a-t-il regardé ton visage avec un peu de tendresse. Avant ou après son examen ? Si c'est avant, cela change tout évidemment, parce qu'alors il a été délicat. Si c'est après, cela signifie simplement qu'il a éprouvé du respect pour ta virginité. Si tu n'avais pas été vierge, on t'aurait traitée de putain et jetée dans la fosse commune. Tu aurais pu avoir été violée, tu aurais pu avoir été abusée, tu n'en serais pas moins devenue une putain à soldats. Rejetés tes exploits, ton courage tant vanté. On t'aurait oubliée. Le plus vite possible.

J'ai beau imaginer de toutes les manières qui soient cette intrusion dans son corps de jeune morte, avec délicatesse, mépris, tendresse, conviction, sérieux, respect ou rapidité, j'ai beau me dire que c'était dans un autre temps, un temps dont je ne comprends pas les codes et que je juge sans le connaître, j'ai beau me répéter qu'elle était morte et qu'elle n'a pas eu à subir cette humiliation, du XXIe siècle où j'écris, cette vérification de sa virginité me bouleverse. Ce regard de professionnel fouillant l'intimité de cette très jeune morte pour décider de sa postérité me soulève le cœur autant qu'elle me révolte. Je ne parviens pas à pardonner cette vérification.

Je comprends à présent que ce sont ces gestes qui ont réellement et d'emblée motivé ce récit. Ces gestes qui ont fait que malgré mes fréquentes envies de t'abandonner, de te laisser à tes batailles pour reprendre le cours de mes autres fictions, j'ai continué à te chercher et à te suivre.

Je ne vais pas faire de nouvelle rature sur la couverture du cahier qui te contient, à ce stade du récit, ce n'est plus nécessaire, mais pour moi seule et secrètement, je vais changer une seconde fois son titre, parce qu'irrésistiblement, tu es maintenant « Ma Gingolaise ».

CHAPITRE 35

Marie Anne était vierge et c'était pour eux une chance qu'ils n'allaient pas laisser passer. Non contents de la profaner, ils l'ont alors récupérée. La nouvelle de sa féminité et de sa pureté a très vite parcouru l'île jusqu'au duc de Crillon. Immédiatement, il y a vu une aubaine. On était à un peu plus d'une semaine de l'assaut final contre les Anglais, il allait faire de cette femme un modèle à suivre. L'instrumentaliser pour galvaniser ses troupes. Si une femme pouvait être courageuse à ce point, il en allait de leur honneur à tous de faire aussi bien qu'elle ! Louis De Balbes de Berton de Crillon, futur duc de Mahon, a donné l'ordre qu'on l'attende et qu'on prépare l'enterrement de la femme soldat qui aurait lieu en grande pompe sitôt qu'il serait là.

Marie Anne a été emmenée au couvent Sainte-Carmen, au centre de Mahon. Il s'agissait de la préparer pour la présenter à la foule. On allait l'habiller, la coiffer et la maquiller, elle serait exposée pendant deux jours entiers dans le chœur de la grande église à la foule curieuse de découvrir cet incroyable phénomène. Revêtue d'une robe de vierge et d'une couronne de palmes, ils allaient la rendre à son genre et à sa pureté.

À l'époque, on l'a redécouvert récemment, les vierges de bois ou de pierre des églises étaient souvent revêtues de vêtements, réalisés pour elles par les femmes du village, offertes à la madone par les plus riches d'entre elles. Ainsi la vierge de Saint-Antoine à Venise au XVIIIe siècle en possède plus de vingt et en Catalogne espagnole, un siècle plus tard, la vierge de Revey possède vingt-deux manteaux, deux devant brodés et un corsage noir et une autre d'entre elles porte même, dit-on, un soutien-gorge noir.

Une façon, pensait-on à l'époque, de nous rapprocher de la vierge et de l'humaniser.

C'est sans doute avec un vêtement de ce type qu'on a revêtu Marie Anne. Peut-être d'une de ces robes de mariée qu'offraient à la Vierge certaines jeunes épouses espérant qu'elles la retrouveraient dans l'au-delà. Peut-être les Carmélites ont-elles défait sa tresse de soldat, si soigneusement serrée et disciplinée, pour en faire un de ces chignons haut qu'on portait à l'époque et poser par-dessus un voile et une couronne de palmes ? Sans doute l'a-t-on vêtue aussi de nombreux jupons et de dentelles en abondance pour cacher son corps ? Et dans sa main droite on a placé ce grand mouchoir en dentelles dont la Vierge se sert pour essuyer ses larmes à la mort de son fils.

Le duc de Crillon est venu la voir. Il a compris qu'il avait eu raison et vu rapidement tout ce qu'il allait faire d'elle. Son fils le comte qui l'accompagnait dans cette visite a écrit quant à lui dans une lettre à un de ses amis : « … son visage n'était pas défiguré par la mort, elle n'a jamais dû être fort jolie ; les chirurgiens assurent que Jeanne d'Arc n'a pas été plus sage ». Merci, Monsieur le comte pour cette homélie charitable.

CHAPITRE 36

– Alors comme ça, le petit Charles était une femme.

C'est Nicolas, un de leurs camarades de chambrée qui a lancé cette phrase. Il l'a dite à Martin, mais pour lui-même aussi, si l'on en croit le mélange de perplexité, de surprise et d'admiration que comportaient ses mots. Martin n'a pas réagi tout de suite alors François a voulu répéter ses propos.

Martin l'a saisi au collet et levé de son siège en lui enjoignant en hurlant de retirer ses propos. Charles était son ami et il ne laisserait jamais quiconque dire du mal de lui!

– Je n'ai pas dit du mal de lui, j'ai dit que c'était une femme.

Au calme et au sérieux qu'il y avait dans son affirmation, Martin a compris qu'il ne mentait pas.

– Ils l'exposeront demain à Sainte-Carmen de Mahon, pour que tout le monde puisse venir le voir. Puis le lendemain, c'est la garnison qui lui rendra hommage. Enfin pas toute la garnison, les officiers seulement. Nous, on ira demain. Je t'accompagnerai si tu veux.

– Dis-moi où il est maintenant, je veux le voir.

– Elle est au couvent Sainte-Carmen, ils ne te laisseront pas entrer.

Charles était mort et il n'avait pas le droit de le voir! Martin a mis ses mains sur son visage, le cachant tout entier. Il est tombé à genoux comme on le fait sous l'effet d'une blessure fatale ou d'une punition divine, lorsqu'elle tombe sur un innocent. Nicolas l'a mené dans la tente, il l'a fait s'étendre sur le lit. Il y est resté le reste du jour et la nuit, muré dans une plainte sourde, peu bruyante et constante jusqu'au petit matin.

Le lendemain, il a remis de l'ordre dans ses vêtements et resserré sa tresse que sa tristesse avait mise en pagaille. Il s'est dirigé vers Mahon, pour dire adieu à Charles.

Il y avait une longue file sur le parvis pavé de l'église Sainte-Carmen. Des gens curieux pour la plupart. Certains d'entre eux faisaient des commentaires, transformant Charles en une sorte de monstre très grand, avec une force herculéenne et un courage de déesse antique. Il fallait bien, disaient-ils, qu'il en soit ainsi pour avoir mené à bien tant d'assauts et pourfendu tant de soldats anglais! Martin a voulu les faire taire. Mais au fur et à mesure que la file s'approchait de l'entrée de l'église, le silence se faisait, contaminant peu à peu ceux qui arrivaient. Tellement loin de la représentation qu'ils venaient d'inventer, Marie Anne si jeune et si délicatement perdue dans les plis des tissus les laissait sans voix.

Martin n'a pas compris tout de suite que c'était son ami, là, qu'ils regardaient tous, au cœur de cette église. Il allait parvenir près du cercueil ouvert. Il a hésité une seconde et reculé d'un pas. La foule impatiente l'a poussé. Il s'est retourné brusquement, a remonté la nef, à contresens d'eux tous.

Martin est parti vers la mer, à travers les champs et les prés, sans se retourner. Il a regardé vers les longues fleurs que Charles aimait, fanées en cet hiver de l'île. Il n'a même pas levé les yeux lorsqu'il est passé sous les ailes du grand moulin qui tournaient dans le vent.

Personne à Minorque n'a revu Martin. Ils ont pensé qu'il était mort. On sait pourtant que ce ne fut pas le cas. Rien ne dit comment il est rentré jusqu'en Suisse, dans ce Valais qu'il aimait tant. On sait seulement qu'on y a retrouvé des meubles hors du commun, magnifiquement ciselés dans des bois de hêtres et de citronniers, de châtaigniers aussi, avec ses initiales et la date de leur création. Pour signature, elles possédaient toutes une petite tête sculptée dans le bois, sur le pied d'un fauteuil ou dans le tiroir d'une commode empire, et même sur ce long banc de sapin clair taillé d'un seul tenant dans un grand tronc bien droit.

Mais ça, c'est bien après. Ce jour-là, la plainte du soir précédent s'est muée en cri. Un cri qui a envahi la rue étroite et la ville, un cri qui l'a suivi dans la campagne où il est parti comme un possédé. Un cri de colère contre Charles qui lui avait menti et qui s'était joué de lui, un cri de tristesse et de rage contre eux tous qui lui avaient volé son ami, qui l'avaient utilisé et déguisé surtout, et qui, ce faisant, avaient sali son courage dans ces frous-frous grotesques qui lui dérobaient son âme. Et par-dessus tout un cri d'impuissance, lui qui n'avait pas su le protéger !

Halte Martin, c'est assez ! Marie Anne, il est vrai, ne voulait sans doute pas de ces vêtements de femme dont on l'a affublée, pour une gloire fardée et reprise à leur compte. Mais elle ne voulait pas non plus de cette protection que tu lui aurais offerte si tu avais su qu'elle était une femme. Elle n'aurait pas voulu de ta protection d'homme, comme elle n'a pas voulu, non plus, que je résolve son énigme. Elle voulait être libre. Tu lui as accordé ton amitié, indéfectible et vraie. Nous avons fait ce que nous avons pu. Tout le reste lui appartient.

Le texte source que l'on trouve aux pages suivantes (original en espagnol et traduction française littérale DeepL légèrement remaniée) contient tout ce qui existe, à ma connaissance, concernant Charles Garain, jeune femme soldat. Dans le roman, ce qui, à son propos, ne se trouve pas dans ces deux pages est de la fiction, née de mon imagination, fruit de mes hypothèses, le plus souvent volontairement présentées comme telles en cours de récit.

Le cadre du roman quant à lui (mode de vie, trajets, nourriture, maladies et batailles notamment) a été historiquement vérifié dans son ensemble, autant que faire se peut.

Font par ailleurs partie de ce décor quelques personnages historiques qui ont réellement existé. Ainsi, par ordre alphabétique : Pedro Pablo Abarca de Bolea, comte d'*Aranda*, Don Luis Berton de Los Blats, duc de Crillon, Félix Berton de Los Blats, comte de Crillon, fils du précédent, Isaac de Rivaz, Jean Devantéry, Don José Monino y Redondo, comte de Floridablanca, Jean-Pierre Fragnière et Pierre Guillot, James Murray, Pierre d'Odet (les lettres à sa famille existent mais son amitié avec Charles Garain est fictive), Louis Robatel. Tous les autres personnages sont de mon invention.

SUCCESO ACAHECIDO EN EL SITIO DEL CASTILLO DE SAN FELIPE DE MENORCA

A 27. de Diciembre de 1781
Barcelona: En la Imprenta de Eulalia Piferrer, Viuda, Impresora del Rey nuestro Señor, Plaza del Angel. Año de 1782.

ABIENDO sido relevados la guardia y trabajadores de la Brigada suiza de Ehrler, que se hallaron empleados en la custodia y construcción de la batería del nombre de dicha brigada, en la noche del 26 al 27 y regresando para el campo, poco antes de llegar al Arrabal Nuevo, hirió una vala de cañón, tirada del castillo a Carlos Garain, soldado de la primera compañía del 2' batallón del Regimiento suizo de Betschart, a quien le rompió la pierna derecha cerca de la pantorrilla y fue, llevado sin dilación al hospital del Exército a donde llegó al amanecer de dicho día 27. Procuró el herido ocultar sus males, disimular su dolor y persuadía a los cirujanos y practicantes que no trataran de cortarle la pierna ni visitar el progreso de la inflamación. En fin pasó el día sin que le hiciese operación alguna y sintiéndose dévil por causa del grave dolor y por la copiosa pérdida de sangre, pidió el confesarse y se le suministró los Santos Sacramentos y espiró en la misma noche, haviendo conservado su espíritu militar hasta el último aliento.
Habiéndose sacado el cadáver de la cama, repararon los enfermeros ser una muger, de lo cual dieron parte y se dispuso fuese reconocida con formalidad por los facultativos, quienes reconocieron y declararon ser virgen intacta de cuia resulta mandó el Excmo. Sr. Duque de Crillón se suspendiese el entierro hasta su

llegada, por lo que se depositó en la Iglesia del Carmen, vestida del hávito de la Virgen con corona y palmas, quedando a la vista del público en medio de la Iglesia todo el día 28 y el 29 hubo un oficio de difuntos y a las diez y media otro con toda la música de Mahón, cuia función funeral costeó el cuerpo de oficiales de su regimiento haciéndose estos honores con su asistencia, en agradecimiento del heroico valor que ha manifestado tan repetidas veces baxo las órdenes y en presencia de éstos, sus superiores, siendo muy pocos los días que desde el 2 del corriente no haya asistido a la batería de la brigada. Pero cuando no le tocaba la mano, iba voluntariamente sin que le inmutara jamás ni los silvidos de las valas de, cañón ni el estruendo de las bombas y granadas al reventarse cerca de ella, ni el silvido de sus cascos, estos horribles instrumentos de la muerte, pribaban a veces a los unos de un miembro y a los otros de la vida en su presencia, antes bien, en tales casos cuando le parecía que sus compañeros se hallaban tumbados, los animaba diciendo, el que es soldado no debe asustarse de esto que son gages de nuestro oficio, los ingleses hacen lo que lleven y nosotros haremos lo mismo cuando podamos empezar los fuegos de nuestras baterías, ahora es la ocasión de que el Rey nos necesita y es que debemos manifestarle nuestro valor y nuestro afecto: Estas razones y otras de igual tenor, seguidas de jocosidades con semblante risueño y genio alegre sin interrupción alguna, dejaba admirados cada vez al gran número de sus testigos, que no sólo le tenían por hombre si también por gran soldado, y ahora después de muerta dexa asombrado al gran concurso de gentes, que informadas de su valor sobrenatural a su sexo acudían a ver el cadáver que encerraba un corazón tan magnánimo y por fin vieron una suiza que ha manifestado el deseo de sacrificar su vida en servicio de nuestro amado Monarca y una muger varonil que dio pruebas de hallarse con igual virtud, espíritu y valor al de sus antepasados, pues es notorio que los suizos fortificaron la libertad de su Patria con los laureles de las victorias conseguidas en setenta y dos batallas dadas a este fin. Consta que su filiación es la siguiente: Carlos Garain, Católico, Apostólico y Romano; hijo de Pedro y Carlota Willie, natural de S. Gengu, en la República de Wallay en Suiza; de edad 17 años; estatura 4 pies, 11 pulgadas y 8 líneas pelo y cejas castaño; barbilampiño; frente pequeña; ojos pequeños pardiclaros v hundidos; nariz puntirroma, cara redonda, rosada y hermosa. Sentó plaza por 5 años en Montey el día 26 de diciembre de 1780; no ha servido, no es casado, no tiene oficio ni save escrivir.= Fue reformado pro corto de talla y habiéndole obtenido después de algunos meses, fue admitido al Real Servicio, en atención a sus circunstancias, el 18 de junio de 1781 y en el mismo día se embarcó para Mallorca unirse al Regimiento: Por los reclutas que vinieron con ella se sabe que se presentó al reclutante vestida de hombre, que nadie tuvo motivo para dudar que lo fuese; que solicitó tomar parte al servicio de España; que el reclutante lo que rehusó por no llegar a la talla prescrita; que no obstante sus repetidos ruegos, alegaciones de su juventud y esperanza de crecer pudieron obtener que fuese incorporada con los demás reclutas; peor que a la llegada a Barcelona fue reformada por corta de talla por el Sub-inspector con quien no hicieron efecto sus ruegos y sólo consiguió el poderse embarcar para Palma y que allí la mantuviese su capitán hasta que hubiese crecido lo suficiente para ser admitida, en cuyo tiempo solicitó fusil Y cartuchera y se aplicó tanto al ejercicio, que en breve pareció ser soldado hecho: Instaba al capitán para que solicitase su admisión y viendo que se excusaba aun con falta de talla determinó dicho su capitán enviar un memorial al Subinspector, pero viendo que no había producido efecto, suplicó el permiso de pasar a Barcelona en donde se presentó segunda vez al Sub-inspector, haciendo todo su esfuerzo para que le admitiese, lo que no consiguió; pero hallándose el javeque Correo para marchar bolbió a casa del Sub-inspector y fueron tantas las instancias, súplicas, y alegaciones, que movido el Sub-inspector de la gran pasión que manifestaba al Real Servicio y a esta Corona, y en atención a su viveza, buena presencia y edad, que havía ya crecido hasta la talla de 5 pies y alguna línea y que prometía crecer, le acceptó su admisión y llegó a tiempo de poderse embarcar para incorporarse al Regimiento, cuya impensada admisión y accelerado embarco le facilitó el eximirle de la indispensable visita del Cirujano, aunque le quedaba otro obstáculo igual que vencer en el Regimiento por lo que después de haber sido presentado a sus Gefes, interrogado por el Mayor y examinado del Capellán: a la hora de haber de ser conducido en casa del Cirujano aparentó una indisposición y pidió ir al Hospital, en donde quedó algunos días, hasta que le pareció que ya estaría aquella diligencia olvidada, como en efecto nadie se acordó más de que al tal recluta le faltase la circunstancia de la visita del Cirujano, por lo que impuesto en el exercicio y demás que le competía, hizo su servicio hasta que efectivamente cayó enfermo y se hallaba en el

Hospital quando salió su Regimiento de aquella guarnición para ir a Mahón; pero quando supo que el Regimiento se hallaba en Alcudia esperando la ocasión para embarcarse, salió del Hospital y se fue solo a Alcudia en donde se incorporó a su compañía y habiéndosele reconvenido por su mucha debilidad, dixo que sirviendo al Rey frente al enemigo recobraría la salud, y la recobró en breves días.

Su valor notorio y sin par en su sexo, no sólo fue sobrenatural, si también excede a lo fabuloso de las Amazonas, y su virtud no era menor; pues en la misma compañía existe un soldado que tomó partido pocos días después de ella y aunque antes no se conocían formaron luego amistad estrecha por ser de la misma edad ambos, durmieron juntos por el espacio de dos meses, hasta llegar a la compañía en donde tenía cada uno su cama separada, pero este joven solo supo que su compañero de cama era muger quando lo supieron los demás, que sólo fue después de su muerte, pues no ha confiado su secreto a nadie, por cuio motivo no se ha podido indagar ni la causa, ni el origen de su metamorfosis; pero su virginidad testifica que no contribuyeron para ello motivos lascivos, ni intentos camales, lo qual confirma su virtud, dando pruebas hasta el último aliento de su vida, que su castidad era paralela a su valor, pues hallándose con las angustias de la muerte, el Sacerdote bien ageno de mal intento le puso la mano sobre el pecho, pero la moribunda no reparando de quien fuese la mano y alentada de su recato, juntó sus últimas fuerzas para desviar de su pecho virginal con ímpetu la mano que sentía: Y así murió la suiza después de haber dado heroicos exemplos en ambas referidas calidades, dexando en duda qual fuese en mayor grado su valor o su castidad.

Repris de MENORCA-Free. NPI Ordre de bataille,
José L.Terrón Ponce

Retrato de la Suiza, Doncella q̃ se descubriò à poco rato de haber muerto, q̃. era Muger, llamada Carlos Gerin, Catòlico Apostolico Romano, hijo de Pedro y de Carlota Willie, natural de S. Gengu, en la Republica de Wollay en Suiza: de edad de 18 à 20 a.s y tenia tres de Servicio, habiendo causado singular admiracion en su valor y constancia, animando siempre à los Soldados, en todas las fatigas.

Su Estatura, 4 pies 11 pulgadas, y 8 lineas pelo y cejas castaño, frente pequeña, ojos pequeños y undidos, nariz aguilenna; Cara redonda, y hermosa de Color:

Sentò plaza por 2 años en Montey en el Regimiento de Betschart el dia 26 de Diciembre de 1780.

Murio dia 27. de Diziembre de 1781:

Se hallara con la Vltima Vista del Castillo de San felipe, con la cadena, y demas Conversiones en la Libreria de la Viuda de Escribano Calle de Carretas N.º 8:

Dessin représentant Charles Garain, tiré du livre *La Reconquista de Menorca por el Duque de Crillon 1781-1782.*

Trajet effectué par Charles du lac Léman jusqu'à Minorque.

ÉVÉNEMENT ARRIVÉ SUR LE SITE DU CHÂTEAU DE SAINT PHILIPPE DE MINORQUE

Le 27 décembre 1781
Barcelone : À l'imprimerie d'Eulalia Piferrer, Veuve,
Imprimeur du Roi notre Seigneur, Plaza del Angel.
Année 1782.

AYANT été relevé de la garde de la brigade suisse d'Ehrler, employés à la garde et à la construction de la batterie du nom de ladite brigade, dans la nuit du 26 au 27 et retournant au camp, peu avant d'arriver à l'Arrabal Nuevo, Carlos Garain, soldat de la première compagnie du 2e bataillon du régiment suisse de Betschart, a été blessé par un boulet de canon tiré du château. Sa jambe droite a été cassée près du mollet et il a été transporté sans délai à l'hôpital de l'armée où il est arrivé à l'aube du 27. Le blessé essaya de cacher son mal, de dissimuler sa douleur et de persuader les chirurgiens et les médecins de ne pas tenter de lui couper la jambe ou d'examiner l'évolution de l'inflammation. Finalement, la journée se passa sans qu'aucune opération ne lui fût faite, et se sentant faible à cause des fortes douleurs et de la perte abondante de sang, il demanda à se confesser et reçut les saints sacrements et expira la nuit même, ayant conservé jusqu'à son dernier souffle son esprit militaire.
Après avoir retiré le corps du lit, les infirmiers remarquèrent qu'il s'agissait d'une femme, ce qu'ils signalèrent et la firent examiner formellement par les médecins, qui reconnurent et déclarèrent qu'il s'agissait d'une vierge intacte, information qui fut transmise à Son Excellence, le duc de Crillon. Le duc de Crillon ordonna de suspendre l'enterrement jusqu'à son arrivée, raison pour

laquelle elle fut placée dans l'église du Carmen, vêtue de l'habit de la Vierge avec couronne et palmes, restant à la vue du public au milieu de l'église toute la journée du 28 et le 29, il y eut un service pour les morts et à dix heures et demie, un autre avec toute la musique de Mahón. Le service funèbre a été payé par le corps des officiers de son régiment et ces honneurs ont été rendus en sa présence, en remerciement du courage héroïque qu'il a montré tant de fois sous les ordres et en présence de ses supérieurs, car il y eut peu de jours depuis le 2 courant où il n'ait pas participé à la batterie de la brigade. Mais quand sa main ne le touchait pas, il y allait volontairement et n'était jamais troublé par le sifflement des obus, ni par le fracas des bombes et des grenades qui éclataient près de lui, ni par le sifflement des canons, ces horribles instruments de mort, privant parfois les uns d'un membre et les autres de la vie en sa présence, mais au contraire, dans ces cas-là, quand il lui semblait que ses soldats devaient être tués en présence de la brigade, il n'était pas troublé du tout. Dans ces cas, quand il lui semblait que ses compagnons étaient accablés, il les encourageait, disant, « celui qui est soldat ne doit pas en avoir peur, ce sont les gages de notre commerce, les Anglais font ce qu'ils portent, et nous en ferons autant quand nous pourrons allumer les feux de nos batteries, c'est maintenant que le Roi a besoin de nous, et nous devons lui montrer notre courage et notre affection ». Ces raisonnements et d'autres de la même teneur, suivis de plaisanteries avec un visage souriant et une humeur joyeuse sans interruption, laissaient chaque fois le grand nombre de ses témoins dans l'admiration, qui le considéraient non seulement comme un homme, mais aussi comme un grand soldat. Et maintenant après sa mort, il laisse un grand nombre de personnes stupéfaites, lesquelles, informées de son courage surnaturel pour son sexe, sont venues voir le cadavre qui contenait un cœur si magnanime, et enfin ils ont vu une femme suisse qui avait manifesté le désir de sacrifier sa vie au service de notre Monarque bien-aimé. Une femme au courage viril qui a donné la preuve d'être d'une vertu, d'un esprit et d'un courage égaux à ceux de ses ancêtres, puisqu'il est bien connu que les Suisses ont fortifié la liberté de leur patrie avec les lauriers des victoires remportées dans 72 batailles livrées dans ce but.

Il est précisé que son affiliation est la suivante: Charles Garain, catholique, apostolique et romain; fils de Pierre et de Charlotte Willie, natif de S. Gengu, dans la République de Wallay (Valais) en Suisse; âgé de 17 ans; taille 4 pieds, 11 pouces et 8 lignes, cheveux et sourcils bruns; imberbe; petit front; petits yeux brun pâle et enfoncés; nez pointu, visage rond, rose et beau. Il a capitulé pour 5 ans à Monthey le 26 décembre 1780; il n'a pas servi, n'est pas marié, n'a pas de métier et ne sait pas écrire. Il a été réformé pour petite taille et ayant finalement obtenu son incorporation après quelques mois, il a été admis au service royal, vu sa situation, le 18 juin 1781 et le même jour il s'est embarqué pour Majorque pour rejoindre le régiment: des recrues qui l'accompagnaient, on sait qu'elle se présenta au recruteur habillée en homme, ce que personne n'avait de raison de douter qu'elle était; qu'elle demanda à prendre part au service de l'Espagne; que le recruteur refusa parce qu'elle n'avait pas la taille prescrite; que malgré ses demandes réitérées, les allégations de sa jeunesse et de son espoir de grandir, ils ne purent obtenir qu'elle soit incorporée avec les autres recrues. Mais à son arrivée à Barcelone, elle a été réformée pour sa trop petite taille par le sous-inspecteur auprès duquel ses supplications n'ont eu aucun effet et elle n'a été autorisée qu'à s'embarquer pour Palma et à y être maintenue par son capitaine jusqu'à ce qu'elle ait suffisamment grandi pour être admise. À ce moment-là elle a demandé un fusil et une cartouchière et s'est tellement appliquée à l'exercice qu'elle a bientôt semblé être un soldat à part entière. Elle exhorta le capitaine de demander son admission et voyant qu'il excusait même son manque de taille, détermina ledit capitaine à envoyer un mémoire au sous-inspecteur, mais voyant qu'il n'avait produit aucun effet, il demanda la permission de se rendre à Barcelone où il se présenta une seconde fois au sous-inspecteur, faisant tous ses efforts pour le faire admettre, ce qu'il n'obtint pas. Mais lorsque le navire Correo fut prêt à partir, il se rendit chez le sous-inspecteur et celui-ci, ému de la grande passion qu'il montrait pour le service royal et pour cette couronne, et vu sa vivacité, sa bonne mine et son âge, et qu'il avait déjà atteint la taille de 5 pieds et quelques lignes et qu'il promettait de grandir, accepta son admission et arriva à la maison du sous-inspecteur, où il fut admis, accepta son admission. Et il arriva à temps pour pouvoir s'embarquer dans le régiment, dont l'admission imprévue et l'embarquement rapide permirent de le dispenser plus facilement de la visite indispensable du chirurgien, bien qu'il eût un autre obstacle à surmonter dans le régiment, de sorte qu'après avoir été présenté à ses chefs, interrogé par le major et examiné par l'aumônier, il fallut, au moment de le conduire dans le régiment, le faire entrer dans le régiment. Au moment d'être conduit chez le chirurgien, il prétendit être malade et demanda à aller à l'hôpital, où il resta quelques jours, jusqu'à ce qu'il lui semble que la course serait oubliée, car en fait personne ne se souvenait plus que la recrue ne s'était pas soumis à la visite du chirurgien, de sorte qu'imposé dans l'exercice et les autres choses qui étaient de sa responsabilité, il fit son service jusqu'à ce qu'il tombe réellement malade et se trouve à l'hôpital lorsque son régiment quitta la garnison pour se rendre à Mahón. Mais lorsqu'il apprit que le régiment était à Alcudia et attendait l'occasion de s'embarquer, il quitta l'hôpital et se rendit seul à Alcudia où il rejoignit sa compagnie et, après avoir été réprimandé pour sa grande faiblesse, il déclara qu'en servant le Roi contre l'ennemi, il recouvrerait la santé, et il la recouvra en quelques jours.

Sa valeur, notoire et sans égale dans son sexe, n'était pas seulement surnaturelle, mais elle dépassait celle fabuleuse des Amazones, et sa vertu n'était pas moindre. En effet, dans la même compagnie, il y avait un soldat qui avait pris parti quelques jours après elle, et bien qu'ils ne se soient pas connus auparavant, ils se sont liés d'une étroite amitié parce qu'ils étaient tous deux du même âge. Ils ont dormi ensemble pendant deux mois, jusqu'à ce qu'ils arrivent à la compagnie où chacun avait son lit séparé, mais ce jeune homme n'a su que son compagnon de lit était une femme que lorsque les autres l'ont su, ce qui n'est arrivé qu'après sa mort, car il n'a confié son secret à personne, raison pour laquelle il n'a pas été possible de rechercher ni la cause ni l'origine de sa métamorphose. Mais sa virginité atteste que ni les motifs lubriques ni les intentions charnelles n'y ont contribué, ce qui confirme sa vertu, prouvant jusqu'au dernier souffle de sa vie que sa chasteté était égale à son courage, car, se trouvant dans les affres de la mort, le prêtre, sans mauvaises intentions, posa sa main sur son sein, mais la mourante, ne se souciant pas de savoir de quelle main il s'agissait, et encouragée par sa pudeur, rassembla ses dernières forces pour détourner avec impétuosité la main qu'elle sentait proche de son sein virginal : c'est ainsi que la Suissesse mourut après avoir donné des exemples héroïques dans les deux qualités susmentionnées, laissant planer le doute sur ce qui était le plus remarquable, de son courage ou de sa chasteté.

Repris de MENORCA-Free. NPI Ordre de bataille,
José L.Terrón Ponce. Traduction Deepl remaniée

POUR ALLER PLUS LOIN

(liste non exhaustive d'ouvrages et d'articles consultés)

Aubert Jean, « Historique de la navigation sur le Haut-Rhône français », *Les Études rhodaniennes*, 1939, vol. 15, no 1-3, pp. 181-190.

Berrut Maréchaud Philippe, *Les Mercenaires de la Vallée d'Illiez de 1674 à 1680*, 2018.

Bertrand Jules-Bernard, « Notes sur le commerce, l'industrie et l'artisanat en Valais avant le XIXe siècle », *Annales valaisannes*, 1942, no 4, pp. 517-558.

Bisson Jean, « Minorque et la France au XVIIIe siècle », *Treballs de Geografia*, Palma, 1988, no 39, pp. 25-38.

De Preux d'Anchettes, *Capitulation militaire (en 79 articles) signée entre le roi d'Espagne représenté par le comte de Ricla et le colonel François Thade de Betschart de Schwytz pour les deux régiments de Betschart et de Reding, Août 1779*, Service des archives de Sion, CH AEV PE de Preux d'Anchettes fasc. 4/3.

De Santiago Rodriguez Cristina, "Women in the 18th Century: Reality Versus Theoretical Dogma in the Age of Change", *in* José Manuel Guerrero Acosta (coord.), *Recovered Memories: Spain, New Orleans and the Support for the American Revolution*, 2018, pp. 79-98.

Donnet Eugène, « *Pierre Guillot et le mouvement d'émancipation en Bas-Valais 1790-1791* », *Annales valaisannes*, 1940, no 4, pp. 131-142.

Galliker Michel, « La femme-soldat : une héroïne gingolaise ? », *Le Messager*, 1983.

Gern Philippe, « Le recrutement d'un bataillon valaisan au service de Napoléon (1804-1807) », *Vallesia*, 1963, pp. 163-175.

Godineau Dominique, « De la guerrière à la citoyenne. Porter les armes pendant l'Ancien Régime et la Révolution française », *Clio Histoire, Femmes et sociétés :* Armées, *2004/2 (no 20).*

Guinier Arnaud, « De guerre et de grâce : le pas cadencé dans l'armée française de la seconde moitié du XVIIIe siècle (1750-1790) », [en ligne] *e-Phaistos, Revue d'histoire des techniques*, 2015, IV-1, pp. 15-26.

Guinier Arnaud, « Les enjeux de la formation du soldat. À propos de la métaphore mécanique dans les mémoires d'officiers de la seconde moitié du XVIIIe siècle », *in* B. Deruelle et B. Gainot (dir.), *La construction du militaire* vol. 1., Paris, La Sorbonne, 2013, pp. 119-142.

Henry Philippe, « Service étranger », in *Dictionnaire historique de la Suisse (DHS)*, [en ligne] version du 08.12.2017.

Iñarrea Las Heras Ignacio, « L'Espagne du XVIIIe siècle sous le regard d'un pèlerin français », *Carnets, Invasions & Évasions*, La France et nous ; nous et la France, numéro spécial automne-hiver 2011-2012, pp. 155-172.

Lambelet Sylvie et Bernhard Schneider (dir.), *La Suisse au quotidien depuis 1300,* Chênes-Bourg, Zoé, (collection histoire), 1991.

Lancereau Guillaume, « Vos papiers ! » Passeport, identité et contrôle d'État au XVIIIe siècle », [en ligne] *Écho des Lumières*, 19 septembre 2021.

Martin Jean-Clément, « Travestissements, impostures et la communauté historienne : À propos des femmes soldats de la Révolution et de l'Empire », in *Politix* 2006/2 (no 74), pp. 31 à 48.

Ordonnance du Roy, sur le *maniement des armes de l'infanterie françoise & étrangère*, du 7 mai 1750, [en ligne] BNF Gallica.

Putallaz Pierre-Alain, *Eugénie de Treytorrens et Charles d'Odet : étude de leur correspondance inédite (1812-1817)*, Lausanne, Payot, 1983 (coll. Bibliotheca Vallesiana, t. 19 et 20).

Putallaz Pierre-Alain, « Le tragique destin de Pierre d'Odet (1781-1808), mercenaire dans le régiment valaisan au service d'Espagne », *Annales valaisannes*, 1989, pp. 7-42.

Repond Jules Maxime, « Les Suisses au service de l'Espagne », *Annales fribourgeoises*, 1923.

Robatel Louis, *Mémoires de Louis Robatel (1788-1877) : officier valaisan au service d'Espagne, puis de France*, (Martigny, Impr. Pillet), 1966.

Seriu Naoko, « Du féminin dans les discours militaires au XVIIIe siècle », *Genre et histoire* 1, Automne 2007.

Steinauer Jean, *Patriciens, fromagers, mercenaires. L'émigration fribourgeoise sous l'Ancien Régime*, Lausanne, Payot, 2000.

Steinberg Sylvie, *La confusion des sexes. Le travestissement de la Renaissance à la Révolution*, Paris, Fayard, 2001.

Terron Ponce José Luis, *La Reconquista de Menorca por el Duque de Crillon 1781-1782: aspectos militares y politicos*, Mahon, 1981.

Zumthor Paul, « Le langage parlé à Saint-Gingolph (contribution à l'histoire des "français locaux") », *Annales valaisannes*, 1962, no 1, pp. 205-264.

REMERCIEMENTS

Merci à Michel, toujours mon irremplaçable et premier lecteur, d'avoir mis une fois de plus si généreusement et de manière si adéquate ses grandes qualités de lecteur au service de mon texte. Merci à Françoise Bonnet Borel, historienne et amie, d'avoir vérifié la teneur historique de mon XVIIIe siècle avec rigueur, malice, ténacité, et une très grande finesse, et d'avoir su constamment faire la part du roman et celle de l'Histoire. Merci à Monsieur Claude Martenet, conservateur du Musée des Traditions et des Barques du Léman de m'avoir si gentiment ouvert les portes de son musée et donné le premier le goût de Saint-Gingolph. Merci à Monsieur Michel Galliker, historien, pour sa disponibilité et les documents qu'il a mis à ma disposition. Merci aux archives de Sion et en particulier à Monsieur Christian Schiess, pour son précieux travail de recherches. Merci à Monsieur Alain-Jacques Tornare, et à Monsieur Jacques Bujart, historiens, d'avoir tous deux chaleureusement répondu à nos questions. Un merci très vif et reconnaissant à Coralie et Jérémie pour la photo de couverture. Merci à Sébastien pour sa férocité bienveillante et toujours très perspicace et d'avoir défendu l'autonomie de mes personnages de fiction. Merci à Cathy, Christiane, Chantal, Corine, Daniel, Danièle, Domi, France, Françoise, Franziska, Frédéric, Héloïse, Marie, Stéphane et Suzanne, votre traque des imprécisions, des incompréhensions, des répétitions, vos demandes d'explications ainsi que votre enthousiasme et votre fidélité m'ont été extrêmement précieux. Merci à Ruth et Jean-Renaud, livre après livre, pour le premier.

Et merci comme toujours à mon indispensable et bien-aimée tribu.

Merci aux Éditions Favre, et un merci particulier à Sophie Rossier pour sa confiance, sa complicité et la finesse de son travail d'accompagnement. Et merci à Aline pour la qualité de ses corrections.

Avec le précieux soutien de

FONDATION
LEENAARDS

numérique

Impression & brochage - France
Numéro d'impression : N00432240172 - Achevé d'imprimer : février 2024
Dépôt légal : février 2024

IMPRIM'VERT®

PEFC 10-31-3532

De la même auteure :

Au point 1230, Romann éditions, 2020
Personne ne sait que tu es là, Romann éditions, 2022